A FELICIDADE
é uma escolha

Ceiça Schettini

A FELICIDADE
é uma escolha

Dados Internacionais de Catalogação na Publicação (CIP)
(Câmara Brasileira do Livro, SP, Brasil)

Schettini, Ceiça
A felicidade é uma escolha / Ceiça Schettini. – São Paulo : Paulinas, 2016. – (Coleção o melhor remédio. Série reflexões e orações)

ISBN 978-85-356-4012-0

1. Conduta de vida 2. Felicidade 3. Motivação (Psicologia) 4. Reflexões I. Título. II. Série.

15-09196	CDD-158

Índice para catálogo sistemático:

1. Conduta de vida : Reflexões : Psicologia aplicada   158

1ª edição – 2016

Direção-geral: *Bernadete Boff*
Editora responsável: *Andréia Schweitzer*
Copidesque: *Simone Rezende*
Coordenação de revisão: *Marina Mendonça*
Revisão: *Sandra Sinzato*
Gerente de produção: *Felício Calegaro Neto*
Produção de arte: *Jéssica Diniz Souza*

Nenhuma parte desta obra pode ser reproduzida ou transmitida por qualquer forma e/ou quaisquer meios (eletrônico ou mecânico, incluindo fotocópia e gravação) ou arquivada em qualquer sistema ou banco de dados sem permissão escrita da Editora. Direitos reservados.

Paulinas
Rua Dona Inácia Uchoa, 62
04110-020 – São Paulo – SP (Brasil)
Tel.: (11) 2125-3500
http://www.paulinas.org.br – editora@paulinas.com.br
Telemarketing e SAC: 0800-7010081
© Pia Sociedade Filhas de São Paulo – São Paulo, 2016

Esse é o meu segundo livro, publicado por Paulinas Editora. É muito emocionante ver que, por dois anos seguidos, esta editora apostou no meu talento, proporcionando-me o prazer de alcançar cada vez mais corações através dos meus escritos! A todo o pessoal de Paulinas Brasil, o meu muito obrigada!

Escrever é um ofício que exige muita dedicação e disciplina, além da natural criatividade de cada autor. Mas ele não se forma sozinho, depende essencialmente daqueles que lhes são queridos para se tornar uma pessoa com olhar atento ao mundo e às emoções. Assim, agradeço a Deus por toda a inspiração e ao meu amado Cláudio, às minhas lindonas Dudinha e Juju, aos meus pais Verinha e Antonio Carlos, aos meus sogros Marlene e Grimoaldo, às minhas irmãs Sylvinha, Mila e Rosa e aos meus irmãos de coração Pablo, Gervásio e Gustavo por caminharem comigo, independentemente da distância física, ora apontando ora perdoando os meus defeitos, mas sempre ressaltando as minhas qualidades e incentivando o meu talento, como só os que amam verdadeiramente conseguem fazer.

Dedico este livro à minha família e aos meus leitores queridos,
grandes incentivadores do meu talento.

Em especial, a Cláudio, Dudinha, Juju, Verinha e Toinho e aos superqueridos
tios Lenão, Glória, Vera Lúcia, Francisco César, Nena, Celso, Mimi e Lu
por tudo de bom que representam, desde sempre, na minha vida.

A Levina Seijo, Mari Teixeira, Aninha Espírito Santo
e Márcia Araújo (Salvador), Duda Meireles (Rio de Janeiro),
Sônia Marrache (São Paulo), Guiga Marinho (Lisboa),
Aninha Deuerlein (Londres) e Patrícia Lorenzo (Buenos Aires),
provas permanentes de que não importam o tempo nem a distância,
quando os corações estão unidos pelo benquerer genuíno.

E, finalmente, a Carolzinha e Pedroca, que, desde muito pequenos,
demonstram um enorme amor pelos livros e pela tia Ceiçoca.

Escrever é
transportar o mundo
que existe somente
dentro do nosso coração
para dentro dos mundos
dos corações
das outras pessoas.

Um pedacinho de mim, numa mesinha de cabeceira qualquer...

Em tempos de informação volátil, quando as palavras aparecem e evaporam diante dos nossos olhos numa velocidade sem igual, não há maior alegria para um escritor do que ver suas palavras rolando de boca em boca, sendo compartilhadas por aqui, ali e acolá, por gente conhecida ou que jamais conhecerá.

O processo criativo de um escritor funciona mais ou menos assim: as ideias vêm, indomáveis, tais como relâmpagos, em tamanha velocidade que, por vezes, nem mesmo há tempo de anotá-las antes que fujam para sempre de sua mente. Então, vestido com a sua sensibilidade, ele transforma todo aquele turbilhão de palavras e sentimentos desordenados em estradas de palavras pelas quais, mais adiante, caminharão os seus leitores. Sim, pois se ele tiver um pouco de coragem e muito de sorte, terá leitores com os quais poderá compartilhar aquilo que escreve.

A cada livro publicado ampliam-se as possibilidades de compartilhar as suas ideias, atrair e encantar mais leitores com os seus escritos. Comparo escrever um livro ao abrir de uma garrafa de um bom champanhe borbulhante: o autor não consegue saber por onde as suas palavras vão flutuar, mas, uma vez soltas no ar, elas certamente flutuarão em direção a muitos outros corações.

Fico emocionadíssima quando vejo um livro meu atravessar as fronteiras da minha imaginação e andar por aí, de mão em mão, trocando de bairros e de cidades, cruzando os mares e até continentes! Agradeço a Deus, diariamente, por esta bênção e vou dormir muito feliz, sabendo que em algumas mesinhas de cabeceira, em diversos lugares do mundo, há um pedacinho de mim, motivando outras pessoas que, como eu, escolheram ser felizes, amam a vida e se deleitam com as palavras!

Que a minha melhor energia alcance o seu coração com esse livro e você tenha ótimos e prazerosos momentos em sua companhia!

Beijos felizes,

Aproximando o meu coração do seu...

A fantástica conexão entre livro e corações

Um livro é muito mais que uma coleção de folhas encadernadas. É a expressão dos pensamentos de quem o escreveu, a fotografia de sua alma, exposta ao mundo sob a forma de palavras e ideias. Ali está retratado aquilo que pensa, o seu jeito de se expressar, como deseja que o mundo o veja. Muito mais que isso até, um livro é uma fantástica ponte, estendida entre o universo particular do autor e o imaginário de cada leitor! E, como as pessoas são únicas, as pontes se multiplicam e se transformam em infinitas possibilidades de percursos.

Ao desembarcar da viagem proporcionada pelo que leu em cada página, muito mais rico de conhecimentos e emoções, o leitor consegue expressar-se com maior facilidade.

Sim, o livro é o mais incrível expansor de mentes que já se inventou até hoje!

Como pipas soltas dos carretéis

As palavras têm o poder de tocar, diferentemente, cada indivíduo.

Ainda que eu sempre exponha as minhas próprias percepções, ao escrever abordo sentimentos comuns ao universo humano, tais como amor, saudades, amizade, empatia, ciúmes, inveja, paixão, espiritualidade e muitos outros mais.

Cada pessoa, entretanto, possui uma forma única de perceber o mundo à sua volta. Então, quando deixo o meu coração transbordar em palavras, elas tocarão de formas diferentes o coração de cada leitor, reverberando dentro dele conforme o que cada um traz dentro de si.

Assim, nunca sei qual será o real impacto causado pelos meus escritos. E é melhor que seja assim, para que eu não caia na tentação de escrever somente aquilo que agradaria a esse ou àquele leitor...

Continuo, então, soltando minhas ideias no ar e deixando que ora sejam apanhadas com mais força por uns, ora por outros, por muitos ou poucos, conforme o seu poder de emocionar os corações, tais como pipas, que flutuam livremente pelos céus depois que as soltamos dos carretéis de linha que as prendiam a nós.

Eu não escrevo autoajuda, eu escrevo *alto-astral*

Outro dia me perguntaram como classifico o que escrevo. Logo eu, que não aprecio nem um pouco manter as coisas e as pessoas aprisionadas em rótulos, me vejo agora na necessidade de classificar o que escrevo... Talvez, então, seja melhor falar um pouco sobre como vejo o mundo para clarear um pouco essa curiosidade.

Pois bem... Eu adoro gente, independentemente de idade, sexo, religião, etnia, idioma ou time de futebol. Gosto de conhecer as pessoas individualmente, aos montes, aos poucos, em profundidade ou superficialmente, como melhor permitir a situação. E tento aproveitar todas as ocasiões de fazê-lo. Aí, uma coisa chama a outra: não tem como gostar de gente, sem gostar de emoções! Então, gosto de viver intensamente e de observar atentamente o desenrolar de emoções à minha volta, seja de lupa ou lente zoom.

Sou baiana, alegre e faladeira, escrevo desde muito cedo e, mais uma vez, como uma coisa puxa outra, acabei descobrindo na escrita um jeito de me comunicar com muitas outras pessoas, expressando as minhas emoções e as minhas impressões sobre o cotidiano à minha volta. Como escrevo sobre emoções comuns a qualquer pessoa, tipo alegria, bom humor, amizade, espiritualidade, inveja, saudade, tristeza e outras tantas mais, acabei estabelecendo uma deliciosa relação com muitas pessoas, muitas até, que sequer me conhecem pessoalmente. Aí veio a clássica pergunta: "O que você escreve é autoajuda?".

Não! Eu não escrevo autoajuda. O que eu escrevo é ALTO-ASTRAL! Não sou psicóloga, sou uma atenta e, talvez, um pouco mais sensível observadora do cotidiano. Não acredito que muletas emocionais salvem pessoas. Acredito sim que o que faz a gente mudar a nossa postura diante da vida é a escolha diária de ser feliz, por isso defendo que todos têm que buscar sempre o alto-astral, sua felicidade, pessoal e intransferível, suas próprias realizações.

Se os meus escritos, de alguma forma, fizerem com que as pessoas pensem nisso e adicionem mais energia e bom humor às suas vidas, já valeu demais terem sido escritos e compartilhados. Simples assim.

Alegria registrada no meu DNA com firma reconhecida por *Deus*

Procuro ser uma pessoa positiva. Enxergar a metade cheia do copo me parece muito mais interessante do que focar na vazia. Já fui tachada de viver no mundo (maravilhoso) de Alice (do País das Maravilhas), mas, acredite, tenho uma visão bem apurada do mundo, é apenas uma questão de foco. Prefiro dedicar minha energia para transformar as coisas para melhor, em vez de apenas lamentá-las.

Confesso que nem sempre é fácil deixar a peteca no ar. Às vezes, alguns ventos sopram mais fortes e mudam a sua rota ou ondas de calmarias fazem os cata-ventos pararem de girar... Como sempre fui uma pessoa bastante ativa, que gosta de ver as coisas acontecendo, em movimento, no início era mais sofrido passar pelas calmarias; mas, com a maturidade, passei a encarar estes períodos como desafios para aprimorar a minha paciência, tranquilidade e paz de espírito. E, se não posso lutar contra eles, faço deles meus aliados. Então, respiro fundo, rezo, entrego a Deus e confio em dias melhores.

Olhando bem minha trajetória, concluo que, na verdade, ver o lado bom das coisas não é nem meu foco e sim minha mira, meu objetivo maior. Eu gosto mesmo de ser positiva, otimista e alto-astral, pois isto está lá registrado no meu DNA com firma reconhecida por Deus. E como recebi o dom de escrever, e é muito mais fácil escrever sobre aquilo em que acredito, encho as páginas daquilo que mais sei fazer: enxergar o lado bom das coisas, compartilhando com cada vez mais pessoas o prazer de ser assim. E, se isso é viver no mundo de Alice, que seja. Sou uma Alice feliz!

Igualzinha ao vivo e a cores

Há poucos dias, conheci pessoalmente um leitor querido, que constantemente comenta os posts do meu blog. Trocadas algumas palavras, ele me presenteou com a seguinte frase: "Você é igualzinha pessoalmente!". Ao que respondi: "Graças a Deus, não é?".

Sou assim mesmo: o nome corresponde exatamente à pessoa. Prefiro assim, pois dou ao outro o direito de gostar ou não de mim, como sou de verdade. Acho enfadonho esse negócio de ter uma personalidade para cada lugar que frequentar. Não me atrai viver num permanente baile de máscaras.

Adequar o comportamento a cada situação é outra coisa, uma necessidade social, mas sou a mesma Ceiça por onde passo. Minha atividade camaleônica se resume apenas ao código de vestimenta e à etiqueta básica de cada lugar. Luto, bravamente, para não me perder de mim mesma, ser fiel à minha essência alegre, espiritualizada, irriquieta e pacificadora. Fazendo uma analogia moderna, não uso Photoshop no meu jeito de ser. É claro que tenho inúmeros defeitos, e procuro melhorá-los a cada dia, mas não procuro me passar pelo que não sou.

Não se engane, porém, quem pensa que eu sou adepta da mesmice. Adoro exercitar meus múltiplos talentos, me permito aderir às modas que têm a ver comigo e conhecer pessoas e lugares são minhas atividades prediletas! Sou assim: múltipla, irrequieta, alegre, intensa, tranquila, forte, delicada, valente, determinada, amorosa, cruelmente perfeccionista, obstinada quando persigo um objetivo, beirando à insistência, defensora, com garras e asas, daqueles que eu amo e dos que me parecem injustiçados também e, finalmente, apesar de nem sempre ter feito tudo certo, sou orgulhosa de ser uma pessoa do bem.

Por isso tudo, quando escrevo, abro todas as janelas da minha alma, deixo o sol entrar para arejar cada canto e abro as cortinas do meu coração para deixar que meus escritos sejam fiéis ao que se passa aqui dentro. Desta forma, permitindo aos meus leitores que, ao me conhecerem pessoalmente, tenham a grata surpresa de perceberem que sou igualzinha ao vivo e a cores, como uma fotocópia autenticada de tudo que escrevo.

A felicidade de ser peixe e nadar em cardumes

Eu tenho fome de gente! E fome é algo que se tem, naturalmente, todos os dias. Assim, me atrai conhecer cada vez mais pessoas para ouvir outras conversas, conhecer outros hábitos, perceber o mundo sob outras óticas, que não as da minha zona de conforto.

Não me apraz nem um pouco ficar fechada em concha, ainda que haja a esperança de fazer toda a minha poeira virar pérola. Acho completamente sem graça uma vida que não inclui outras pessoas no cenário. Para mim, é tão vazia quanto um mar sem peixes.

Prefiro mesmo é nadar entre os mais variados cardumes, admirando a sua diversidade de cores! Seja em águas profundas ou nas pocinhas da beira da praia, adoro observar os gestos, os sotaques, o olhar, a conexão entre o que se diz e o que se faz, sentir de perto a energia dos outros. E, por fim, se tem coisa que me dá alegria é abraçar calorosamente e transmitir em cada abraço o quão prazeroso foi identificar, na vastidão do mar, outros peixes, que, como eu, descobriram o prazer do encontro e as delícias de nadar em cardumes.

EU GOSTO MESMO é de gente **QUE DECIDE SER FELIZ** todo dia!

Globalizando o *bem*

O mundo precisa urgente de mais pessoas felizes, pois gente feliz dedica seu tempo para construir coisas boas, não perde tempo pensando no mal de outras. A humanidade não precisa de conflitos, vinganças e guerras, pois nada de bom é construído nessas bases. O mundo precisa muito mais de excelentes negociadores de paz do que de negociadores de papéis na Bolsa. Estamos carentes de líderes que tenham como objetivo maior a união entre os povos, e esse tipo de personalidade só floresce se cultivado em terrenos onde se planta amor ao próximo. Não se forma cultivando ódios e rancores!

Está na hora de fazermos o maior esforço conjunto de todos os tempos! Algo nunca antes visto: a globalização do BEM! Temos que fazer o AMOR circular, pois não há outro jeito de transformar o mundo para melhor. Esqueça o medo do ridículo! Ele não pode ser pior que o medo da guerra! Até quando continuaremos seguindo por caminhos errados, repetindo que temos sempre razão? Formar pessoas que tenham o BEM como objetivo maior é um caminho longo e persistente, pois não é tão fácil nem tão impossível quanto parece! Saiamos então dos discursos de que é o dinheiro que faz o mundo girar! Isso é uma MENTIRA, que atende aos interesses de meia dúzia.

Preste atenção! O que faz o mundo girar positivamente é o respeito ao outro, a tolerância às diferenças, a gentileza no trato, o olho no olho, o abraço sincero, o minimizar das birras e a pacificação das discórdias inúteis – sim, porque todas as discórdias são absolutamente inúteis, diante da força do amor! Precisamos ensinar diariamente às gerações mais novas a importância do amor na vida de qualquer pessoa e o impressionante poder que a prática do amor tem de mudar todas as coisas para melhor! O mundo precisa urgentemente de mais pessoas felizes e esse tipo de gente aparece onde se cultiva amor. Percebe como está tudo interligado?

Quero ser

uma Miguel Falabella

Sou detalhista. Gosto de mergulhar fundo no assunto, entender com riqueza de detalhes, dominar o conhecimento de um tema, saber de trás pra frente e de frente pra trás. Mas há em mim um grande e inquietante paradoxo: adoro ter meu leque de desejos bem aberto e me atrai bastante entender e fazer muito de muitas coisas, mesmo que elas pertençam a diferentes universos.

Penso como deveria ser torturante viver no início do século passado, quando, escolhida uma profissão, ela acompanhava a pessoa até o túmulo, sob pena de ser considerado sem persistência ou fracassado quem não o fizesse.

Gosto mesmo é dos tempos atuais, onde se pode escolher e reescolher como aplicar e reinventar os talentos nossos de cada dia! Com tantos conteúdos divulgados em diversos canais e infinitas possibilidades de aquisição de conhecimento, foi finalmente abolida a ditadura de escolher e usar um só talento a vida toda! Não é mais vergonhoso ser corretor da Bolsa de Valores e pintor de quadros! Se antes ter mais de uma ocupação soava como ter que completar o orçamento, hoje significa dar vazão aos muitos talentos que existem dentro de nós.

Gosto mesmo é de conhecer um monte de coisas, ter muitas possibilidades de explorar meus talentos, explorar ao máximo as possibilidades de ser feliz de formas diferentes! Decidi que não quero ser samba de uma nota só. Que me desculpem os que assim preferem, mas concluí que é muito mais importante ser livre e feliz do que aprisionada por uma carreira só, como se tivesse que morrer abraçada a uma tábua de salvação. Quero mesmo é mostrar ao mundo as minhas mil facetas e habilidades e fazer benfeito todas elas a ponto de surpreender a cada esquina! Em tempos de galãs de um personagem só durante toda a vida, quero mesmo é ser como Miguel Falabella, que canta, dança e sapateia, ora escritor, ora diretor, ora ator ou produtor, numa performance camaleônica, igualmente talentosa, típica de quem não tem vergonha de seguir vários caminhos, sob a única condição de que todos eles o conduzam à felicidade!

A vida sob meu olhar...

Felicidade é decisão!

Tem gente que acha que felicidade e alegria são a mesma coisa. Aí, no dia que eventualmente fica triste, afirma que não é feliz.

Então vamos facilitar esse entendimento. Primeiro vamos separar os mundos: felicidade é uma coisa e alegria é outra. Pronto. Falei! Aceite, que dói menos! Se continuar achando que são a mesma coisa, não conseguimos avançar na reflexão! Abriu a mente? Sigamos então.

Alegria é momentânea e circunstancial. É de fora pra dentro, ou seja: ficar alegre é resultado de fatores externos, tipo ganhar um presentinho, sair com amigos, comer uma coisa gostosa, celebrar o aniversário e outras tantas situações passageiras. Você fica alegre porque comprou um livro ou um carro, foi a uma festa ou ainda porque pode viajar nas férias. Então a gente fica alegre e, no minuto seguinte, não fica mais, se acabadas as condições que nos levaram a isso. Acho até que um monte de alegrias forma uma sensação de felicidade, mas a tal FELICIDADE, que todo mundo corre atrás, é algo bem mais amplo!

Ser feliz é bem mais profundo, mexe com mais coisas, com nossos sentimentos mais íntimos, requer investimento pessoal e dá mais trabalho, exige mais esforço e, o que é pior, não tem receita que sirva para todos. É um conceito de aplicação totalmente individual. Depende única e exclusivamente de cada um, das suas escolhas, da determinação, da vontade. Para ser feliz é preciso colocar, persistentemente, amor e alegria no coração. Por isso, tem gente que é feliz em situações completamente adversas, quando lhe são tiradas todas as condições que para outras seria inadmissível perder, pelo simples fato de que elas escolheram ser felizes. A diferença é que elas acreditam, firmemente, que dias melhores virão.

Felicidade é escolha diária, pessoal e intransferível. Funciona totalmente de dentro pra fora. Só é ativada se a gente quiser. Depende de um clique interno e de ninguém além de nós. Por isso não dá pra entregar a outras pessoas ou situações essa responsabilidade. Então, pare de esperar para ser feliz quando casar, quando tiver filhos, quando concluir a faculdade, quando comprar a casa, quando, quando, quando... Quando é depois e depois não vai existir para sempre! Melhor: a gente não vai existir para sempre! Então para que depositar todas as suas fichas lá?

Por fim, para pensar de forma bem simplificada: felicidade é escolha, decisão firme e inabalável. Você decide ser feliz, apesar de tudo, de qualquer coisa, e segue em frente sempre! O ônus e o bônus de sua felicidade são seus! Então, saia dessa zona de conforto onde nada acontece e faça a sua parte: seja feliz de verdade!

A felicidade é uma escolha diária, pessoal e **intransferível**

O tempo para ser
feliz é agora

Comece aos poucos, mas comece. Não deixe para depois, para amanhã, para a próxima segunda-feira, para o ano que vem. O primeiro passo é o mais difícil para sair da inércia. É como andar de bicicleta. Depois que tiver dado a primeira pedalada, vai ser muito mais fácil correr.

Escreva a primeira linha, ponha a primeira moedinha no cofre, dê o primeiro abraço ao invés de esperar ser abraçado, faça a primeira gentileza do dia, resista à primeira tentação, dê o primeiro passo em direção ao outro ao invés de esperar sentado, peça desculpas primeiro, faça a sua primeira palestra, cozinhe e sirva o seu primeiro prato, pratique um hobby novo, dê sua opinião sem medo de ser criticado, ligue para um amigo distante ao invés de sentir saudades, escute a sabedoria dos mais velhos, asse seu primeiro bolo, compartilhe sua melhor energia com outras pessoas, afugente seus medos ao invés de ser dominado por eles, domine suas fraquezas, feche a boca por um minuto, abra os olhos, deixe a verdade ter outros donos além de você, pare de sofrer sem motivo, saia da inércia, fale de paz ao invés de semear intrigas, converse melhor com seus pais, aposente o sofá e movimente seu corpo, leia seu primeiro livro, ponha a preguiça para dormir, dance sem vergonha de ser desajeitado, domine a inveja, tenha sua primeira conversa aberta com Deus, exercite encher a mente de bons pensamentos ao invés de minhocas, permita-se ser diferente do que foi até hoje, cante alto sua canção predileta, aceite que não é perfeito, seja capaz de confortar alguém, tenha a humildade de errar, vibre com a vitória de outros, exponha ao mundo o que traz de melhor dentro de si, conceda-se o direito de ter pequenos prazeres sem culpa, ria muito de si mesmo, saia já de sua zona de conforto, estenda sua mão para dar ao invés de só para receber, pratique o bem, descubra uma nova motivação para seu dia, seja feliz.

A lista de coisas a fazer agora é infinita e varia de pessoa a pessoa. Muitas coisas poderão acontecer ao longo do caminho e muitas desculpas teremos para não ter começado, mas vale sempre lembrar que toda caminhada, por mais longa que seja, só será vitoriosa se nos vestirmos de fé e coragem e dermos o primeiro passo, acreditando que é possível chegar ao final. Então, deixe de lado as muletas das desculpas e ande em direção à sua felicidade, pois o tempo para isso é agora!

Porque nunca e jamais são muito tempo

Um dos maiores benefícios que a maturidade pode nos trazer é a tranquilidade para mudar de opinião. Quando a gente é muito novinho e ainda não tem a personalidade formada, num instinto natural de sobrevivência, tende a seguir a opinião da maioria. Um pouco mais velhos que isso, mas ainda muito jovens, acreditamos que a nossa opinião deve ser defendida com a faca na boca. Sendo assim, é quase um sacrilégio mudar de opinião. O que nossos amigos vão dizer? Mais uma vez a vontade de pertencer a um grupo nos reforça a crença de que temos que pensar igual a todos que dele fazem parte.

Aí, vem a maturidade. Leia novamente: eu disse MATURIDADE, que é igual a experiência e não a idade, pois isso é simples contagem de tempo. A maturidade nos traz sabedoria de vida e essa, por sua vez, tranquilidade para encarar e analisar os fatos e coragem para, eventualmente, mudar de opinião, sem pensar que estamos traindo as nossas convicções ou achar que vamos deixar de ser queridos por isso. Sim, porque, com a maturidade, a gente também adquire um melhor "feeling" para distinguir claramente os que nos são verdadeiramente importantes dos demais e, vamos combinar uma coisa: quem nos é importante não vai deixar de nos querer bem somente porque mudamos de opinião. Perguntará você: "Mas e os outros?". Os outros, autoexplicativamente falando, são os outros e só.

Então, caro amigo, se você está esperando o momento certo pra assumir que gosta ou desgosta de algo, diferente de como antes fazia, lembre--se de que o pensar é livre e não merece ser aprisionado no quartinho escuro da inflexibilidade, porque, se a gente parar para pensar, nunca e jamais são muito tempo para quem ama viver e nada como viver com liberdade para agir e pensar!

Aproveitando melhor o tempo
para ser *feliz*

Eternize seus bons momentos. Guarde no seu coração a maior quantidade de boas lembranças que puder!

Abrace quem você ama, telefone para saber como vai, escreva bilhetinhos apaixonados, dance coladinho, sorria ao dar bom-dia, olhe no olho quando desejar boas coisas, agradeça pelo dia antes de dormir, dê as mãos ao atravessar a rua, cante alto dentro do carro, pratique o bem mesmo quando não for Natal, encoste sua cabeça no ombro e peça um cafuné, almoce junto, dê boas gargalhadas, tire muitas fotos, coma bolos acabados de sair do forno, deseje bênçãos para pessoas que mal conhece, durma numa cama com lençóis limpinhos, distribua pequenas gentilezas ao seu redor, filme seus momentos felizes, assista muitas vezes ao sol se pôr, veja o mar de perto pelo menos uma vez na vida, viaje para perto ou para longe, seja positivo, tome sorvete de pitanga e coma chocolates belgas, enxergue as metades cheias dos copos ao invés das vazias, sinta o aroma e o sabor do pão quentinho, assista à TV de mãos dadas com quem ama, perdoe, prepare um bom jantar saboroso para um amigo, acaricie o rosto de seus filhos, leia bons livros, converse sempre com Deus, faça planos para o futuro e viva sempre o presente, prefira ser feliz a ter razão e, finalmente, espalhe alegrias e boas energias por onde passar.

Muitos serão os motivos que você se dará como justificativas para não fazer nada disso. O principal deles, talvez, seja a falta de tempo, mas acredite: ainda que o tempo seja inesgotável, ele é abstrato e efêmero, não se pode engarrafá-lo e levá-lo para nenhum lugar além do hoje. Assim, por mais tempo que venhamos a viver, não temos todo o tempo do mundo para sermos felizes.

Por isso, armazene a maior quantidade de boas experiências possível para alimentar seu espírito de alegria e fortalecê-lo para todas as trocas que venha a fazer com o Universo, pois um espírito alegre é muito mais leve, realizador e capaz de gerar felicidade, em qualquer tempo que venha a existir!

Sobre a importância de celebrar
com queridos

Reza a tradição ocidental que todo aniversariante deve ganhar pelo menos um presentinho no seu aniversário. Na minha família, desde sempre, os aniversários são celebrados em família, com bolo, docinhos, abraços calorosos e beijinhos de boa sorte. Muito mais que presentes, nos acostumamos a estar presentes nessas celebrações.

O preparar dos doces, o separar da louça e dos talheres, o arrumar da mesa, o esperar dos convidados... Tudo isso sempre foi envolto numa doce magia, que tornava essas datas muito especiais para cada um de nós, independentemente do tamanho da festa. Sim, porque havia anos onde o contexto permitia fazer grandes festas e outros, nos quais a comemoração tinha que ser um pouco reduzida, mas o nosso núcleo básico estava invariavelmente presente e animado.

Como já escrevi em outras oportunidades, morar longe dos seus não é tarefa matematicamente fácil, principalmente nesses momentos especiais. Hoje, já tendo constituído a minha família e morando distante da maioria das pessoas que me são mais importantes neste mundo, agradeço a Deus por ter colecionado muitas risadas, abraços e soprar de velas, que muito me alegram o coração ao relembrar. Olhando para trás, tenho certeza de que essa prática de celebrar os momentos felizes foi tão importante para mim, que influenciou definitivamente a minha forma positiva de encarar a vida.

Conheço muitas famílias que não têm esta prática. Passam os dias do aniversário como outro dia qualquer. Algumas nem se cumprimentam ou se dão parabéns. Eu respeito as escolhas de cada um, mas acredito que se você não aproveitar os momentos especiais para reunir a família e celebrar, vai apenas encontrá-la nos hospitais e cemitérios para dividir lágrimas. E pare para pensar comigo: a data que você nasceu é o marco zero de sua história, a mudança de casa mais importante que você já fez, da barriga da sua mãe para o mundo, a sua estreia nesta vida. Cá entre nós, você não acha que isso merece uma celebração especial?

Sobre o prazer de
ser gentil

Há quem pense que não vale a pena sair por aí distribuindo gentilezas, porque não está pronto a ficar dando coisas boas a quem não conhece ou nem merece recebê-las, mas a gentileza é um dos itens prediletos da minha cesta básica emocional, e aproveito a ocasião para refletir sobre o assunto. Penso que gentileza não é pura e simplesmente educação. Tem gente que é educada, mas não consegue ser gentil, porque gentileza é algo muito maior. Mexe com o coração, a disponibilidade de doar uma parte muito boa de nós ao outro.

Desde que resolvi praticar gentileza como um mantra, só tenho coisas boas a falar dela! Minha vida se tornou muito mais leve e prazerosa, me sinto melhor como pessoa. É verdade que nem sempre isso é bem compreendido, pois há pessoas que não aceitam gentilezas gratuitas. Creio que não estão preparadas para recebê-las, desconfiando sempre de que "há uma segunda intenção por trás de tudo isso"... Fazer o quê? Sobre essas pessoas, tenho apenas que lamentar por ainda não terem descoberto os benefícios de uma vida mais gentil e menos movida a interesses ocultos. O fato de encontrá-las ao longo do meu caminho, porém, não muda a minha intenção de praticar diariamente esse mantra.

À medida que fui praticando, descobri que um dos grandes baratos da gentileza é o prazer que toma conta de quem a pratica. Somente fazendo para ver! Não adianta lhe contar como seria bom se você a incluísse na sua vida. É uma experiência única, mas acredite: ao fazer uma gentileza, o bem-estar gerado no outro fará você ser tomado por uma alegria bem maior que muitas outras coisas que venha a realizar.

Praticar gentileza gera um efeito bumerangue, ou seja: toda gentileza que fazemos é lançada no ar e nos retorna de um ponto indefinido, nem sempre visível a olho nu, quando a gente menos espera e, eventualmente, quando mais precisamos. Isso é simplesmente sensacional!

Por fim, pensando sobre gentileza, me pus a lembrar dos amigos, que tenho e foi com enorme alegria que constatei que a grande maioria deles é formada de pessoas verdadeiramente gentis! Acho que é aquela tal lei da atração, segundo a qual, como seres imantados, atraímos para nós pessoas na mesma "vibe" que a nossa! Que delícia é ser gentil!

Santa tecnologia

Eu respeito, mas não entendo como algumas pessoas abominam tecnologia de comunicação. Tudo bem... Também concordo que nada é como olhar nos olhos, sentir o cheiro e o calor do abraço. A melhor forma de comunicação é a feita ao vivo e a cores e coisa e tal.

Convenhamos, porém, que o mundo mudou e, principalmente, globalizou-se. Mais do que nunca, a expressão "globo terrestre" se fez valer. Cada vez mais circulamos fora de nossas fronteiras, em viagens que nos dão a ilusão de estarmos pertinho dos nossos, quando, muitas vezes, estamos bastante distantes. Depois que inventaram as redes sociais, as mensagens instantâneas e as chamadas com vídeo, não dá mais para enviar uma carta de papel para a Papua Nova Guiné e ficar esperando ela ir, ser recebida, ser respondida e retornar.

Como já escrevi em diversas ocasiões, eu adoro gente! E se hoje, com todos os recursos de aproximação que temos, a saudade ainda dói que é um horror, calculo como ela deve ser para as pessoas que abominam qualquer contato com os modernos recursos de comunicação. Quando fecho o aplicativo de videochamada, depois de falar com minha filha que mora 7 mil km longe de mim, tenho sempre a sensação de que não pude beijá-la ou abraçá-la como queria, mas, graças a Deus, pude ver o seu novo corte de cabelo, sua cachorrinha crescendo, sua cama pronta para deitar... Torço para inventarem logo um recurso que capte o cheiro das minhas panelas no fogão, dos perfumes dos quais tenho saudades e também telas que transmitam calor quando as nossas mãos as tocarem usando o touch screen.

Até lá, vamos matando as saudades do jeito que dá, postando fotos e mensagens nas redes sociais, nos olhando via videochamada, trocando risadas e dicas por aplicativos. É o melhor dos mundos no quesito matar saudades? Não, mas, certamente, é muito melhor do que viver naquele tempo em que, para isso, teríamos de montar num cavalo e passar dias viajando para nos reencontrar. Viva a tecnologia diminuidora de distâncias e aproximadora de corações! Graças a Deus, existe gente capaz de inventar tudo isso e eu só preciso usufruir!

Muito mais experiente e mais jovem que ontem

Hoje, sou muito mais do que fui ontem. Muito mais experiente, muito mais preparada para discernir os fatos e tirar das minhas experiências as melhores lições.

Com todo mundo é assim, mas, ao contrário do que muitos pensam, a sabedoria de viver não vem automaticamente com a idade e, pasmem: a gente não envelhece somente a partir de determinada idade. O tempo passa, implacavelmente, para todos. Assim, começamos a envelhecer desde o dia que nascemos. Não há como fugir disso.

Acredito, entretanto, que há várias formas de acelerar esse processo. Envelhecemos todas as vezes que não mudamos de ideia, somente para não perder a razão. Envelhecemos quando deixamos de dar risada de nós mesmos, quando reclamamos mais do que elogiamos, quando abrimos mão de viver o presente para ficar presos ao passado, quando perdemos a doçura no olhar, quando nos desinteressamos dos outros, quando deixamos de sonhar ou nos isolamos da vida.

Feliz ou infelizmente, não há como parar o tempo, paralisar o abraço, congelar o beijo ou a juventude. Mas, como para tudo na vida tem jeito, a gente pode sim ser uma usina transformadora de tempo em sabedoria e isso tudo é muito mais simples do que parece. Basta gostar de interagir permanentemente com outras pessoas, cultivar boas energias, exercitar novas ideias, agir de forma criativa e se reabastecer de boas experiências, multiplicando os bons momentos.

Assim, ao final de tudo, mesmo quando o corpo já estiver menos vigoroso e a vista mais cansada, haveremos de sabiamente concluir que ser jovem é um estado de espírito e não um estado corporal, um mero e curto espaço de tempo, como muitos tentaram nos convencer ao longo de todo o nosso caminho. Esse será então o nosso trunfo! Hoje, sou muito mais experiente do que fui ontem e, certamente, muito mais jovem também. Graças a Deus!

Pesando, medindo e decidindo

Tomar decisões importantes é mais simples do que parece.

Comece fazendo uma lista das cinco coisas que lhe são mais verdadeiramente importantes na sua vida. Preste atenção! Só "as mais-mais", as "Top Five", aquelas sem as quais a sua vida teria muito menos sentido. Separe essa lista.

Em seguida, ouça seu coração em relação à decisão a ser tomada. Guarde bem o que ele lhe disse, mas não decida ainda.

Passe para a análise do contexto que envolve a decisão, divida o problema que lhe aflige ao meio e coloque os fatos na balança: de um lado os prós e do outro, os contras da decisão que o seu coração lhe aconselhou tomar.

Se houver mais contras do que prós, repense o assunto. De um lado, coloque os contras que afetam diretamente as cinco coisas que lhe são essenciais e do outro, as que não afetam essas coisas. Junte essas com as outras do lado pró.

Dê dois passos para trás e olhe novamente para os pratos da balança. Se ainda assim houver mais contras do que prós, alerta vermelho: esse caminho vai lhe trazer mais aborrecimentos que felicidade. Se houver muito mais prós que contras, a decisão já está tomada. No final do processo, você verá: qualquer que seja a decisão tomada, ela será sempre a que menos afetar as cinco coisas que lhe são mais importantes.

Mas vamos simplificar esse processo? Então, pule todas as etapas de avaliação das quais lhe falei antes. Ao analisar que caminho seguir, basta apenas olhar para que lado estão as cinco coisas que mais lhe importam e seguir em direção a elas, pois é lá que está a sua felicidade. Não falei que era simples?

OS TESOUROS
MAIS PRECIOSOS
SÃO AQUELES QUE
NINGUÉM PODE
COMPRAR.

Um céu de estrelas para contar

Tinha o hábito de contar as estrelas no céu até adormecer, na porta do casebre, à beira do mar. Fazia isso para se distrair e deixar a mente vagar, como as ondas na praia, relaxando o corpo até a próxima vez de jogar a jangada no mar...

Dentro de casa, nada de luxo. Um fogão velho para cozinhar os pescados, uma mesa gasta, dois banquinhos de três pernas, dois pratos, dois copos e uns talheres velhos, um filtro de barro e uma cama com colchão recheado de palha para se deitar com seu amor.

Ao mesmo tempo que não tinha nada para deixar de herança, tinha tudo que lhe era necessário para viver em paz, porque nunca lhe faltava o mar sem fim para nadar e lhe dar comida fresca, as dunas para correr até cansar, a brisa marinha para lhe refrescar o corpo, um amor para namorar à noite e uma quantidade infinita de estrelas para contar até cansar a mente e o corpo descansar.

Assim bem pensando, longe de um mundo tão insano, era mais feliz que muitas pessoas que acumularam tanto, mas que têm muito menos que ele para viver em paz.

Quem nasceu vagalume aproveita a escuridão para *brilhar*

Graças a Deus, eu sou feliz! Calma! Não se apresse em pensar que a minha vida é perfeita! Não se iluda com as minhas fotos sempre sorridentes, nem pense que vivo de aparências, vendendo uma felicidade que não vivo. Falei tudo muito rápido? Confundi a sua cabeça?

Então vou logo esclarecer a parte que provavelmente mais intrigue a quem me considere aspirante a Maria Alegria e desacredite dessa bobajada de felicidade: Tenho muitos problemas. Melhor seria se não os tivesse, é verdade, mas isto não me fez perder a lucidez do quanto tenho para celebrar.

Acho mesmo que o meu chip de tristeza veio defeituoso. Então, quando tudo parece tender a ficar nublado, o alerta vermelho da alegria me lembra de que não é bem assim, que isso também vai passar, que eu tenho muitas bênçãos para agradecer, que estou me deixando levar pela tristeza e isso não leva a nada... Aí, quando dou por mim, lá estou eu, animada de novo, acreditando em dias melhores, resgatando a minha serenidade e duplicando a minha força para passar pelas turbulências deste tal voo chamado cotidiano.

Como disse lá no início, graças a Deus, eu sou feliz! E é graças a ele que eu acredito em dias melhores e, sobretudo, que há muitos dias felizes para celebrar, entre uma coisa e outra. Basta a gente querer, lutar com garra e acreditar com fé, afinal, quem nasceu para vaga-lume tem que fazer da escuridão uma ótima oportunidade para brilhar.

Sem o **amor**, *nada seremos*

Com o passar do tempo a gente vai escolhendo quais batalhas vale a pena lutar, quais lugares se deseja ir, com quais pessoas estreitar nossos laços, afrouxar os nós das gravatas e tirar os sapatos e para quem acenderemos nossas velas e direcionaremos as nossas orações.

Depois de um tempo, bate a consciência da finitude que, ao contrário do que os muito imaturos pensam, não está ligada à idade e sim à vida, pura e simplesmente. Então, se estamos vivos e a hora de partir nem sempre será preanunciada, não há tempo a perder em contendas fúteis, engarrafamentos sem fim nos levando a lugares que nem mesmo queríamos ir, chatices a mais da conta, intolerâncias e julgamentos não tão justos assim, saias justas desnecessárias e sem zíperes, pão-durismo de emoções.

Decerto de que o trabalho é importantíssimo para viver, mas de repente, não mais que de repente, a gente conclui que nem tudo deve caber em planilhas e relatórios e que o mais importante mesmo, aquilo que nos é essencial para a felicidade, é o amor.

E, como o nosso tempo é finito, concluímos que temos que aproveitar intensamente a vida, focando firmemente naquilo que ela possa nos oferecer de melhor e tirando da nossa frente tudo que atrapalhe o amor de fazer parte da nossa caminhada.

Chegados a essa conclusão, finalmente enxergamos que, se não podemos viver sem trabalhar, teremos então que escolher fazê-lo realizando as coisas que mais amamos, pois somente assim, cercados de amor na maior parte dos nossos dias, daremos real significado às nossas vidas e às vidas de outras pessoas, retroalimentando a vida de amor.

A benção
de ter problemas

Sou uma pessoa abençoada por ter problemas. Calma! Eu também não gosto de problemas! Mas ainda que eles tragam consigo preocupações e aborrecimentos, trazem também a possibilidade de algumas pessoas demonstrarem o quanto são minhas amigas e o quanto posso contar incondicionalmente com elas.

Recentemente tive a oportunidade de vivenciar tudo isso: problemas, aborrecimentos, imprevistos, angústias... Aí vieram amigos das mais variadas partes e, com sua generosidade, disseram em gestos, cada um a seu modo: "Estou aqui", "Conte comigo!". Eles não resolveram meus problemas, mas isso é o que menos importa, porque a presença deles é que fez a diferença. O diferencial verdadeiro foi eu saber que posso contar com a disponibilidade de seus ombros para me confortar, dos seus ouvidos pra escutar minhas angústias, dos seus sorrisos para amenizar minha tensão, do seu precioso tempo dedicado a mim, como se não houvesse amanhã, sem exigir ou mesmo esperar nada em troca.

Concluo então, que nem sempre a melhor ajuda é aquela que resolve os nossos problemas, mas sim a que nos encoraja a seguir em frente, apesar deles. Há um bem mais valioso em questão: o afeto dos amigos verdadeiros, pois quem o possui enfrenta qualquer problema, por mais desafiador que pareça ser. E o que é melhor de tudo: passados os vendavais, terá braços felizes a quem abraçar e com quem celebrar as suas vitórias!

Que força você escolheu para compartilhar com o mundo?

Roseiras não dão abóboras. Cada um só consegue dar aos outros aquilo que traz dentro de sua essência e que deseja dividir com o mundo.

A palavra "compartilhar" significa "partilhar com". Melhor seria que só compartilhássemos coisas boas, mas o mundo real não funciona bem assim. A luta entre o Bem e o Mal não está fora de nossas casas e sim dentro de nós, a quem cabe a decisão de alimentar ou sublimar essas duas forças..

Aquilo a que dedicarmos a nossa melhor energia ganhará força e se sobressairá, atraindo coisas similares para nós e enfraquecendo as demais. Escolher é relativamente fácil, difícil mesmo é praticar sem deixar a peteca cair.

Mas, de verdade, que importância tem isso? Compartilhar sempre o que temos de melhor e mais positivo dentro de nós traz recompensas infinitamente mais prazerosas.

Mantenha-se firme no caminho até o mar

Às vezes, a vida nos prega peças. É como se o rio, diante de um obstáculo, fosse obrigado a mudar seu curso.

Nem sempre a mudança é cômoda, pois o caminho das águas pode se tornar mais longo e sinuoso até desembocarem no mar. Mas ao rio não é dado o direito de não deixar fluir as suas águas, sob pena de morrer estagnado. Assim, elas têm que continuar rolando pelos caminhos que se apresentarem, moldando-se aos terrenos e explorando seus melhores aspectos.

O que o rio não pode jamais é perder de vista seu objetivo maior, aquilo para que nasceu: molhar generosamente as terras por onde passa, matar a sede dos que o cruzarem e desembocar feliz no mar!

Então, se a vida lhe tirou do curso em que estava acostumado a fluir, mantenha seu equilíbrio e tenha em vista o propósito maior de estar aqui: você veio para ser feliz e o mar dos seus sonhos ainda está lá, no mesmo lugar, esperando por você.

Lugares do meu coração...

A primeira casa a gente nunca esquece

Não precisei comprar móveis para morar ali. Apenas, cheguei e me instalei. O espaço era amplo, porém escuro e havia muitos sons o tempo inteiro.

Nunca me cobraram um só aluguel e durante todo o tempo que morei lá recebi alimentos da dona da casa, que muito preocupada, selecionava o que eu podia comer para me fazer bem. Acho que o conceito de *spa* foi inspirado nela: conforto, relaxamento e alimentação de qualidade o tempo inteiro. Foram meses de muita mordomia!

Com o passar do tempo, porém, o espaço foi ficando pequeno. Passei a incomodar a dona da casa, que já não via a hora de eu cair fora dali. Saí daquele lugar seguro, literalmente puxada a ferro. Estava tão bom que queria ficar mais tempo, mas não teve mesmo jeito: tive que nascer.

Fui recebida na porta por um senhor de branco, que nem me conhecia, mas me deu uma solene palmada de boas-vindas. Como assim? É claro que chorei! E minha mãe também! Mas isso só reforçou os nossos laços. Então, toda vez que o bicho pega aqui fora, e na total impossibilidade de voltar para aquele lugar seguro, fecho os olhos e penso no tempo em que deitar no colo de minha mãe ou simplesmente abraçá-la me remetia à maravilhosa ideia de que estaria blindada de todos os males do mundo.

Agora só tenho a agradecer a Deus pela mãe que tenho e pela bênção que recebi de poder também ter sido a primeira casa de outras duas pessoas. E tal qual a minha mãe, tento demonstrar às minhas filhas com atitudes e palavras que estarei sempre com meus braços disponíveis para ser o porto seguro delas, tentando blindá-las dos males do mundo com o meu poderoso amor de mãe.

Viajar não é só arrumar as malas e ir

Viajar não é somente comprar as passagens, reservar o hotel, jogar mudas de roupas na mala e partir. O prazer de viajar comporta muito mais que isso.

Antes de tudo, é preciso decidir pelo destino e, muito antes de ir, pesquisar vários pontos de interesse e detalhes de cada um deles. A cada nova descoberta, vai aumentando o desejo de ir, afinal, quem viaja sem nenhum interesse pelo destino, muito pouco ou quase nada aproveitará daquilo que ele oferece.

Durante os preparativos, é muito bom alimentar os sonhos de visitar esse ou aquele lugar, de comer um prato especial, vivenciar novas experiências ou de tirar algumas fotografias. É preciso se imaginar andando feliz pelas ruas, sem as habituais preocupações do dia a dia, com a mente desocupada e pronta para armazenar boas recordações. E, é claro, contar os dias que faltam para tudo isso se realizar!

Ao arrumar as malas, é preciso se imaginar usando todas as roupas com alegria – deixando para trás todas aquelas que não nos inspirarem isso – e, além das roupas, é essencial colocar nas malas muito bom humor e capacidade de se adaptar a diversas situações, deixando sempre um espaçozinho para que caibam eventuais surpresas e lembranças descobertas durante os passeios.

Na véspera da viagem, em meio aos preparativos finais, é importantíssimo sintonizar-se com Deus e pedir que ele abençoe e proteja o passeio, para irmos e voltarmos ao nosso lar com vida, saúde, paz e alegria.

Finalmente, ao sair de casa, rumo ao tão sonhado destino, é essencial que, além de malas e documentos, levemos conosco uma boa alma de viajante, aquela que olha tudo à sua volta com olhos de curiosidade, deslumbramento e alegria, simplesmente por estar viajando.

Sobre o prazer
de hospedar

Minha filha, que mora em outro país, me ligou para saber como foi minha viagem de volta para casa. A primeira frase que disse foi: "A casa aqui tá tão vazia... Parece até que a mesa ficou solta no meio da sala".

Por três semanas, a casa dela esteve mais cheia e barulhenta por causa dos hóspedes que recebeu e, literalmente, da noite pro dia todo mundo foi embora.

Há quem diga que existem duas alegrias ao receber hóspedes: uma quando eles chegam e outra quando vão embora. Eu, entretanto, enxergo um pouco diferente. Como só convido para a minha casa quem eu verdadeiramente gosto, pois acho que hospedar pressupõe partilhar a intimidade, sempre que recebo hóspedes fico muito feliz!

É certo que hospedar muda a rotina da casa, quase sempre aumenta as despesas, muda as coisas de lugar, nos deixa um pouco mais cansados, mas quanta alegria isso dá! Na verdade, o hóspede traz novos ares, colore a nossa casa de forma diferente, faz a gente pensar e ir a lugares que há muito não vamos, olhar nosso bairro com outros olhos... Há um exercício de agradar, pois quando recebemos, damos ao hóspede o melhor copo, a melhor toalha, o melhor de nós.

E, finalmente, quando eles vão-se embora e pensávamos que daríamos graças a Deus por retomar as rédeas da nossa rotina, pôr as pernas para cima e reaver o nosso espaço, estranhamente, olhamos tudo à nossa volta e vemos que, no lugar das malas espalhadas, a casa ficou apenas cheia de saudade.

Muito mais que uma simples **tarde em Itapuã**

Como pode uma simples foto nos remeter a tantas e tão boas lembranças? A despeito da famosa canção de Vinícius e Toquinho, a qual escutei durante toda a vida, tenho fortes laços de afetividade com Itapuã.

Dia desses, navegando na rede, vi uma foto postada por uma amiga querida de um pedaço de sua casa em Itapuã.. Imediatamente, todas as boas lembranças que guardo dali, explodiram como fogos de artifício, na minha cabeça! Naquela casa, construída para abrigar a família de Walter e Lila Seijo – pais de minha querida tia Vera Lúcia – com ar de limpeza e cheiro de pitanga no ar, abracei e fui muitas vezes calorosamente abraçada! Lá, participei de muitos almoços de domingo, onde a feijoada era lindamente arrumada numa mesa de azulejos em tons de azul pintados à mão pela talentosa dona da casa. Na varanda, cercada de tios, primos e amigos, presenciei muitas e animadas conversas, ouvi muitas piadas e vi o balançar das árvores, que se derramavam sobre o quintal com vista pro mar... Ah! O mar... Alcançado pelo simples abrir de um portãozinho nos fundos, lá estava ele: imenso, azul-esverdeado e sereno, cheio de marolinhas a nos receber! Quantos banhos deliciosos tomei ali! Foi também naquela casa que comi, pela primeira vez na vida, pitangas tiradas do pé! E como eles ficavam carregadinhos no verão, bem juntinho ao muro lateral! Até hoje, ao comer pitangas ou simplesmente sentir o seu cheiro, me vêm à mente o momento em que minha tia Lila me apresentou a elas: "Prove! Se não gostar, não precisa comer mais"... Mas como, se a partir dali, elas se tornaram a minha a fruta predileta?

E, diante de tantas boas memórias, colhidas naquela casa, entre abraços e pitangas, tem uma igualmente inesquecível: o dia em que conheci o poeta Vinícius de Moraes, ao vivo e a cores, de calção, rabinho de cavalo e copo de uísque na mão, enquanto atendia uma ligação do Rio de Janeiro. Por não ter telefone na casa ao lado onde veraneava, ele usava o telefone gentilmente cedido por Walter e Lila para falar com o mundo. Que fique registrado: naquele tempo não havia celular ou internet. Assim, bem à vontade, entrava na casa descalço e, ao lado do telefone, um copo de scotch o esperava para que mais à vontade se sentisse...

Não precisa nem dizer que a música de Vinícius e Toquinho, imediatamente me remete a todas estas maravilhosas lembranças, tão bem cultivadas no coração, porque, graças a Deus, naquele lugar não moram somente lembranças, mas principalmente pessoas por demais queridas, a quem não tive alternativa nesta vida a não ser amar.

A toda a família Seijo, meus sinceros agradecimentos por tudo que me foi proporcionado viver ali. Esta é a minha forma de lhes retribuir todo amor que captei nas manhãs, tardes e noites que passei na casa de Itapuã.

Celebrar a vida
todos os dias é uma forma
de agradecer a Deus
pelo presente de estar
ViVO.

Ai que saudades daquelas festas que não voltam mais!

Cedinho, a casa já estava agitada! Apesar do tempo friozinho, a gente literalmente saltava da cama para a mesa farta, com bolos caseiros. Depois do café, era hora de sairmos com vovô Oyama pra comprar chuvinhas de prata, traques de massa, estalinhos e vulcões... Voltávamos pelas ruas, carregadinhos de fogos de artifício, sorridentes como se tivéssemos ganhado o maior bilhete da loteria! Meu pai sempre gostou de fogos que fizessem muito barulho, e com ele saíamos depois para comprar os Adrianinos de doze tiros e bombas de tremer o quarteirão pra complementar os fogos comprados por vovô.

No portão, já estava esperando um vendedor com vários feixes de lenha para escolhermos com quais iríamos montar a nossa fogueira. Naquele tempo, ninguém falava em madeira de reflorestamento ou coisa que o valha, queríamos mesmo era montar fogueiras bem altas e acendê-las tão logo o sol se pusesse no horizonte para vermos queimando até amanhecer!

Na cozinha, minha mãe e tia Vera Lúcia preparavam canjicas e bolos de milho-verde, aipim e carimã. Que aromas maravilhosos minha memória afetiva guardou daqueles dias!

À tardinha, muitos grupos com sanfoneiros se espalhavam pelas ruas e batiam de porta em porta cantando: "Oh, dona da casa, por Nossa Senhora, dai-me o que beber, senão não vou-me embora!". Meu avô, que adorava uma muvuca (a genética tarda, mas não falha), abria a porta e os deixava entrar, transformando a casa em festa e risadarias.

Caída a noite, fogueira acesa, era hora de a Prefeitura apagar todos os postes da cidade, que era tomada pelos espadeiros, pessoas que soltavam as Espadas, fogos de artifício de enorme beleza e perigo, um show pirotécnico de tirar o fôlego que tomava conta das ruas.

Muitas lembranças felizes eu guardo de todas as festas juninas, que passei em Senhor do Bomfim, sertão da Bahia! Tempos felizes, vivenciados em família, que não voltam mais, mas que jamais serão esquecidos, pela tamanha beleza que imprimiram em meu coração!

Há muito mais
felicidade
nas pequenas coisas
do que a gente
pode imaginar.

Feliz, **mesmo sem ir a Paris!**

Tem gente que só vai ser feliz quando for a Paris! Diz que sorriria se estivesse na Bahia e que praia maravilhosa mesmo é aquela à qual nunca foi, no meio do Pacífico...

Acho ótimo querer conhecer e estar em outros lugares! A única coisa ruim é quando se vincula a felicidade a determinado lugar, porque a tal da felicidade, na verdade, deveria estar dentro da gente, onde quer que a gente estivesse.

Pare para pensar comigo: talvez você nunca vá a Paris ou sorria na Bahia ou nem mesmo nunca venha a mergulhar no oceano Pacífico. E aí? E se não rolar a realização do tão esperado sonho de viagem? O que você vai fazer? Ficar infeliz no lugar onde está ou buscar a felicidade de outras formas?

Se optou por buscar, então está mais fácil do que imagina! Respire fundo, ponha seu melhor sorriso e permita-se ser feliz, independentemente de onde esteja! Aí, você vai concluir que não precisa ir a outro lugar procurar o que está dentro de você, pulsando para ser vivido, porque quem se reinventa sem parar traz dentro de si tudo o que é necessário para ser feliz de verdade! Basta querer enxergar.

Uma amizade preciosa, que me levou à Índia

Minha mãe adora ficar na varanda, vendo o movimento da rua... Certa vez, muitos anos atrás, viu passar alguém que lhe chamou a atenção: uma mulher vestida de calça, miniblusa e um xale enrolado da cintura à cabeça. Passava de um lado para o outro, várias vezes por dia, até o momento em que seus olhares se cruzaram e trocaram algumas palavras. Desfez-se o mistério dos trajes exóticos, numa época que não havia sites de busca na internet para pesquisar: era indiana e vestia um sári!

Ela e o marido eram doutores em Química e estavam no Brasil para um intercâmbio com a Universidade Federal da Bahia. Ele se chamava Shachin e ela, Shubhada. Tinham uma filha de seis anos, Pragya Divya, carinhosamente chamada de Dolly.

Dali em diante, os dias que se seguiram fizeram desabrochar uma linda amizade entre as duas famílias e, o melhor de tudo, uma oportunidade única de trocar informações culturais tão diferentes. O encantamento rolou de parte a parte! Eles querendo aprender tudo sobre o Brasil e nós, tudo sobre a Índia. Baianos que somos, logo os convidamos para um almoço, que foi prontamente retribuído com um lindo jantar. E muitos encontros ocorreram depois. A cada descoberta de mais uma peculiaridade cultural, mais rica ficava a amizade!

Eu adorava ver Shubhada cozinhar, misturando um monte de especiarias, trazidas numa mala gigante para o Brasil. Era capaz de passar horas com ela, vendo seus sáris de seda, bordados a ouro, e suas delicadas bijuterias! Como eram lindos e coloridos seus trajes, em contraposição à sua pele morena, adornada com longos cabelos lisos e olhos verdes gateados!

Com eles aprendi que a vaca é um animal sagrado na Índia e que lá as mulheres casadas usavam uma pedra entre os olhos como sinal do compromisso. Aprendi a comer diversas comidas picantes, a ouvir suas músicas e a admirar sua gentileza ao receber. Já eles, acompanhavam atentamente as novelas brasileiras para aprender nosso idioma e tinham um caderninho pautado onde anotavam todas as palavras e expressões que ouviam nas nossas conversas e seus respectivos significados.

Num mundo onde não havia internet, TV a cabo ou essa profusão de canais a serviço da informação, que nos permitem saber tudo de um lugar sem nunca tê-lo visitado, estes amigos indianos carimbaram meu passaporte para a Índia e cada encontro era intensamente aproveitado, como um delicioso mergulho cultural.

Passados alguns anos, porém, eles se transferiram para os EUA e nunca mais tivemos notícias – o que não deixa de ser uma ironia, na era da comunicação. Antes de partirem, em sinal de amizade, trocamos presentes e a mim couberam dois jogos de lindas e delicadas pulseiras de vidro, que minha forma de falar, sempre gesticulando, se encarregou de ir quebrando ao longo dos anos. Daria tudo para tê-las ainda e me arrependo até hoje de não ter aceitado, por pura vergonha, o maravilhoso sári de seda que Shubhada queria me dar!

Muito tempo se passou desde aquela intensa imersão cultural, mas muito mais preciosos que os presentes trocados, que o tempo levou, foi a troca de costumes! Jamais me esquecerei do quão ricos foram aqueles anos de convívio e de como aqueles amigos queridos fizeram despertar em mim um fascínio pela Índia – país aonde curiosamente ainda não fui – o que comprova a minha tese de que para viajar não é preciso necessariamente sair do lugar, mas é essencial estar de olhos, mente e coração bem abertos para decifrar o mundo à nossa volta, absorvendo o melhor de tudo que nos é presenteado pela vida.

Pondo os pingos em alguns "is"

Poderosa conexão

A vida de todo mundo tem muitos desafios a serem vencidos. Os imprevistos ficam nos espreitando, nas dobras das esquinas, aguardando quem tenta passar despercebido... Aí, sem a menor cerimônia, eles pulam em cima da gente!

Como sou uma pessoa alegre, há até quem pense que eu não tenho problemas. Que minha vida é sempre fácil e falo com desenvoltura porque nada de mal acontece comigo. Como assim, se estou viva? Luto mesmo é para ser corajosa, encarar os imprevistos com muita fé em dias melhores e aproveitar intensamente tudo de bom que me acontece.

Há também quem defenda que, sendo prevenido, estará livre de todos os imprevistos, mas isso não é verdade, pois, como o próprio nome sugere, o imprevisto é imprevisível. Assim, você pode se cercar de todos os cuidados, mas não estará imune. Se a gente parar para pensar, mesmo o que parece estar sob o nosso controle na verdade não está, porque simplesmente não existe segurança total para quem está vivo. Mas não se desespere! Se nada está sob nosso controle, o melhor é se deixar levar pela vida, encarar os imprevistos com a maior leveza possível, pois os problemas nada mais são que oportunidades de reavaliar nossas rotas, rever as prioridades e a forma como estamos fazendo isto ou aquilo... Nem sempre é fácil engolir o choro e encarar a frustração de frente, sair da zona de conforto e reacomodar as terras depois de um terremoto pessoal. Mas é fundamental ser capaz de fazer isso para continuar vivendo feliz!

Não há receita, não vale fazer sempre da mesma forma para todo problema, mas me dá paz de espírito e alegria para seguir sempre em frente, porque isso é a única coisa que resta a fazer para quem ama a vida! Importante nessas horas é manter a alma o mais tranquila possível e sintonizar o coração em Deus, porque quando tudo parece dar errado é preciso confiar no poder de alguém que é muito maior que nós, acreditar que nenhum problema durará para sempre e ter fé para seguir adiante.

Como não sou dada a amizades por interesse, entretanto, pratico a aproximação com Deus diariamente. Agradeço cada bênção que recebo e mantenho o wi-fi dessa conexão sempre ativado. Assim, quando me vejo diante de obstáculos mais difíceis de transpor, falo com Deus na condição de um amigo muito íntimo, não tenho vergonha de rezar e pedir ajuda. Acredite: essa é uma poderosa conexão!

O grande lance é deixar a bola rolar

Todo mundo tem capacidade de fazer gols e está sujeito a pisar na bola. São situações comuns a qualquer jogador de futebol.

Às vezes, entretanto, olhamos para o jogador do lado e, mesmo observando de pertinho seu treino e conhecendo seu estilo, decidimos nos concentrar em algum lance, que julgamos ter sido uma pisada de bola. Aí, apitamos forte, tiramos o cartão amarelo do bolso e, gesticulando como donos da bola, esquecemos momentaneamente que também não passamos de meros jogadores. Parece mesmo que apontar no outro aquilo que consideramos ter feito errado nos alça a uma confortável, ainda que ilusória, condição de jogadores perfeitos e de juízes com os bolsos cheios de cartões, que podem ser mostrados quando e como bem entendermos.

Na vida real, porém, não funciona bem assim, pois quanto mais próximo de nós o outro jogador, maior a sua capacidade de conhecer o nosso estilo e saber quais os nossos pontos fracos.

Quanto a mim, gosto mesmo é de ver a bola rolando no gramado. De passá-la para os outros jogadores, driblarmos juntos as situações chatas e fazer muitos gols de placa! Tenho plena consciência de que até os melhores jogadores têm seus dias de passe errado e de gols contra, mas a bola tem que continuar rolando. Isso também faz parte do futebol e vale de aprendizado para se alcançar o tal futebol arte.

Então, se você quiser jogar nesse mesmo time e acha o rolar da bola mais importante que o resultado da partida, juntemos nossos talentos e descartemos nossos apitos e cartões, pois quem se preocupa em arbitrar perde o melhor do jogo e está bem mais suscetível a receber cartões vermelhos por estar jogando na posição errada.

Não se pode colocar toda a **vida** no micro-ondas

O imediatismo tomou conta de tudo. Definitivamente, não há tempo a perder!

Nos supermercados, centenas de produtos e marcas que prometem facilitar os trabalhos domésticos para que nos sobre mais tempo para as coisas boas da vida. Vivemos na era do instantâneo, do café em cápsulas aos relacionamentos. Absolutamente tudo deve ser muito fácil de ingerir, digerir e entender, pois pensar um pouco mais é pura perda de tempo!

Microcápsulas, micro-ondas, tweets, textos curtos, notícias alinhavadas, e-mails de três linhas, relatórios de uma página, ficadas na balada, buzinadas no trânsito nervoso, macarrão instantâneo, bolo de caneca, xampu que lava a seco, secante ultrarrápido de esmalte... Para cada canto que se olhe, tudo remete à ideia de que as coisas têm que ser feitas da forma mais rápida possível!

Aprendemos a fazer tudo tão rápido que perdemos um pouco do prazer de dar tempo ao tempo para algumas coisas, cujo charme era justamente aproveitá-las, curtindo cada momento. A gente almoça com alguém para poder conversar um pouco, mas não tem tempo de conversar porque está correndo para uma série de reuniões. Depois, corre para chegar rápido em casa, mas, chegando lá, não tem paciência de conversar com os filhos, porque tem coisas importantes borbulhando na cabeça. Aí, já tão cansado da correria, resolve dormir porque acorda em cima da hora e tem que fazer tudo rápido para chegar ao trabalho. A impressão que dá é que desaprendemos a respeitar o nosso próprio tempo, em prol de uma correria do nada para lugar nenhum. E, o que é pior, passamos a destinar bem menos tempo para aquilo que deveria ser real prioridade.

Espere só um minutinho! Até que ponto isso vale a pena? Os anos passam muito rápido! E os filhos crescem mais rápido ainda! Quando você piscar, já se terão ido muitos anos do seu precioso tempo e, tardiamente, você concluirá que realizou uma montanha de coisas, mas se realizou de forma inversa, porque, para curtir o que realmente importa e construir uma vida feliz, há de se dedicar um pouco mais de tempo do que para fazer um macarrão instantâneo.

Mais vale uma gentileza do que sentar primeiro

Sempre fui praticante do mantra "gentileza gera gentileza", mas, naquele dia, quase desisti de executá-lo.

Estava num famoso restaurante vizinho à minha casa, cuja satisfação de conseguir uma mesa em horário de pico é quase semelhante à de acertar na loteria. Dei meu nome à atendente, e enquanto esperava a minha vez corri para o entorno do bar, onde as mesas são livres para sentar tão logo vaguem. Enquanto esperava com a minha filha caçula, vi quando uma das mesas pediu a conta. Discreta e firme me posicionei o mais próximo possível sem ser invasiva. Percebemos outro grupo de clientes olhando na mesma direção. Trocamos olhares e sem dar uma palavra combinamos a estratégia: tão logo as pessoas se levantassem, sentaríamos. E assim fizemos. Zapt! Sentamos e, enquanto aguardávamos o garçom limpar a bagunça dos clientes anteriores, fomos interpeladas pelo outro grupo, que ficou de pé: "Com licença. Estávamos esperando pra sentar há um tempo". "Desculpe. Essa área é livre. Sentamos primeiro."

O grupo não discutiu. Ficou esperando no bar e, graças a Deus, foram chamados para sentar do outro lado do salão.

Fiquei ali sentada na minha mesa troféu, mas durante todo o tempo pensava que podia ter deixado a mesa para eles. No fundo, me senti ridícula por não ter sido gentil. Diante do mal-estar interno por conta do papelão, concluí que antes tarde do que nunca. Dei ao meu marido e à minha filha a desculpa que ia ao banheiro e rumei em direção à mesa na qual o grupo estava sentado: "Com licença. Posso falar com vocês um instante?". "Sim. Pode…" "Eu queria pedir desculpas a vocês pela minha atitude ao sentar na mesa que vocês estavam esperando. Sempre prego que gentileza gera gentileza e me senti muito mal tendo uma atitude grosseira." "Puxa! Bacana você ter feito isso! Tirou a má impressão. Obrigada por ter vindo falar…" "Bem… Vou indo… Ótimo almoço pra vocês!" "Pra vocês também!"

Segui para o banheiro, me olhei no espelho e gostei de quem vi. Aquela era eu! Voltei para a mesa e contei ao meu marido e à minha filha o que tinha feito. Não me lembro mais dos rostos daquelas pessoas, mas jamais vou me esquecer da fisionomia e das palavras da minha filha: "Essa é a mamãe que eu conheço! Orgulho de ser sua filha!".

Isso me remeteu a outro mantra: "Um exemplo vale mais que mil palavras". Meu almoço terminou muito mais feliz naquele dia!

O mundo não precisa de intocáveis

A palavra *dalit* é usada na cultura hindu para definir a pessoa não incluída na divisão de castas, sendo então considerada "a poeira sob os pés", impura e intocável. Por isso, não podem ser tocados por pessoas de outras castas, nem sequer pisar na sombra de alguma delas, sendo-lhes destinadas as tarefas mais desprezíveis.

Isso parece muito distante de nós, uma vez que a Declaração Universal dos Direitos do Homem, adotada pelas Nações Unidas em 10 de dezembro de 1948 e composta de trinta artigos, estabelece, entre outras coisas, que todos nascemos livres e iguais e temos o direito à vida livre e em segurança. É difícil, então, imaginar-se colocado à margem da sociedade, sendo tratado como um *dalit*. O que dizer então de ser obrigado a vestir determinada cor para ser identificado pelos demais, ao circular em um ambiente dito social?

Pois bem, isso acontece ainda hoje e muito mais próximo do que podemos supor. Um famoso clube na maior cidade do Brasil, onde circulam pessoas de bom poder aquisito, recentemente causou barulho na mídia por exigir que, para adentrar e circular nas suas dependências, os empregados de seus sócios vistam-se obrigatoriamente de branco. Num mundo tão carente de amor, solidariedade e mobilização social, fico aqui pensando qual a finalidade disso. Seria para destacá-los dos demais, ressaltando a sua condição de *dalit*? Seria para proteger os sócios da desonra de socializar com pessoas de uma casta inferior? Ou ainda para deixar claro que naquele local funciona um "apartheid social", distanciando as "pessoas vestidas de branco"?

Infelizmente, o clube é só um mero exemplo. Muitos outros poderiam ser aqui citados. O importante, porém, é que algumas reflexões se tornam necessárias e urgentes: Que tipo de sociedade desejamos estabelecer com esse tipo de comportamento pretensamente social? Que valores estamos transmitindo aos nossos filhos com nossas ações?

É preciso ter um mínimo de empatia e se colocar no lugar do outro quando criamos regras. Afinal, elas deveriam ser criadas para melhorar o convívio social e não para deteriorá-lo. É preciso despertar para o fato de que, em pleno século XXI, o mundo não precisa de pessoas que valham pelo que aparentam ter e sim pelo que são.

Um mundo politicamente correto

#sóquenão

Neste mundo ultraconectado, a alta exposição dos anônimos tornou-se banal e ser politicamente correto é a nova ordem. Todo mundo quer parecer bonzinho, certinho, bonitinho e aderente aos padrões mundiais. As rodas de conversa e as redes sociais se enchem de histórias sobre esse tema. Ninguém come glúten, todo mundo é contra a poluição, adora brócolis, cuida da saúde e do corpo, cumpre a lei e respeita as diferenças.

Como boa observadora de pessoas, permito-me afirmar, entretanto, que grande parte tem uma preocupação muito grande em parecer politicamente correto e uma preocupação inversamente proporcional em sê-lo. Muita gente quer aparecer bem na foto e não necessariamente ser bom de verdade.

Assim, a gente fala que o outro tem que saber escutar, mas não gosta de ouvir o que ele tem a dizer; discursa sobre a desigualdade social, mas não faz nada de efetivo para transformar ou mesmo diminuí-la; acha que a vida precisa de mais humor, mas não tolera brincadeiras; condena os que aparecem na mídia por corrupção, mas não acha nada demais ficar com o troco que veio a mais ou não pagar as duas cervejas que deixaram de ser cobradas... Poderia encher páginas de exemplos desse tipo. Vivemos em dois mundos paralelos: o admirável mundo novo e o mundo real.

Bom mesmo seria que o mundo melhor saltasse das rodinhas de conversa, palco do politicamente correto, para o mundo real e se ao invés de enchermos a boca de exemplos, enchêssemos os dias de boas ações. Aí, talvez, nem nos sobrasse tempo para os intermináveis discursos politicamente chatos, que povoam o mundo das boas ações de mentirinha, onde ninguém jamais erra, mas, efetivamente, também não faz nada, além de posar bonito para a selfie.

Saudade não é coisa que se mate

Saudade é coisa danada! Você dá o dedo, quer logo a mão. Dá a mão, lhe toma o braço e aí, quando você menos espera, está perdido! É uma consumição! Pensa o dia todo em quem está distante, faz planos para reencontrar, conta os dias para rever... Fica com ideia fixa enquanto não consegue olhar nos olhos do outro, dar risadas juntos, afagar os cabelos, contar novidades e recordar velhas histórias!

Mas, como disse no início, saudade é coisa danada! Quanto mais você lhe faz as vontades, mais ela o domina, insaciável! Você pensa: agora, ela se acalmou! Vim, vi, revi, beijei e abracei muito, estou com um bom estoque de "saudade matada". Qual nada! A danada parece uma roda em labareda, descendo sem controle ladeira abaixo! Definitivamente, saudade não é coisa que se mate! No máximo, a gente a amansa, dá uma baixada na bola dela, entra num faz de conta que não está sentindo mais... Mas ela é como brasa de fogueira: parece que já apagou, mas basta pôr a mão em cima para sentir o quanto queima fundo e arde. É sentimento cozinhando no vapor... Fica ali, devagarzinho, dando a impressão de que será incapaz de queimar o seu coração, mas é só descuidar para ver no que vai dar! É como leite fervendo numa panela, silencioso e constante... Quando você menos espera, derrama todo para fora, mostrando a sua incapacidade de lidar com algo aparentemente tão simples e banal.

Então, depois de tantos dias sem se lembrar de sua existência, eis que ela vem relembrar: "Quando você voltar para casa, deixará saudades, mas também me levará junto consigo, pois esse é o destino de quem mora longe de quem ama!". Que abuso! Mas fazer o quê? Saudade é bicho rebelde e instintivo como cavalo, que mesmo domado, a qualquer momento pode empacar e derrubar o elegante cavaleiro montado sobre ele.

Não tem mesmo jeito e o que não tem jeito, remediado está. Então, da próxima vez que conseguir, momentaneamente, aplacar sua saudade, ao invés de dizer que a matou, diga apenas que a adormeceu. Pois dizer que matou a saudade é como dizer que jamais se afastará, nem por um segundo, de quem a provocou e, como isso é praticamente impossível, tão logo a saudade acorde de novo, voltará a bater forte em seu coração só para provar que nunca esteve ausente.

Ser verdadeiro não é passaporte com visto permanente

Há certa confusão mental sobre ser verdadeiro e ser aceito por ser verdadeiro.

Acho mesmo que as pessoas têm que ser fiéis aos seus princípios e se comportar de acordo com eles. Mas há de se separar os mundos: ser como a gente é não é passaporte com visto permanente para ser aceito por qualquer grupo nem nos isenta de julgamentos, sejam eles justos ou não.

Pare para pensar: se temos variações infinitas de personalidades e temperamentos, nunca agradaremos a todos o tempo inteiro, nem seremos nós mesmos o tempo inteiro se agradarmos a todos.

Com a maturidade, a gente acaba entendendo que, sendo a vida tão curta, não vale a pena sermos infiéis à nossa essência no vão intuito de agradar a todos, sendo preferível sermos nós mesmos e, dessa forma, verdadeiramente queridos pelos que nos têm apreço do que falsamente aderentes a todo tipo de recipientes.

O ônus disso é que, eventualmente, seremos eliminados de alguns círculos aos quais nunca pertencemos ou a que pensávamos pertencer. O bônus é a alegria de ser amado pelo que somos, o que, sem dúvida nenhuma, é um superbônus, pois nos liberta de frequentarmos eternos bailes de máscaras, tão ilusórios quanto acharmos que podemos falar tudo que nos dá na telha quando bem entendemos, sem achar que podemos ser punidos por isso.

Então, só pra finalizar, vale lembrar que ser verdadeiro não significa ser grosseiro, pecado praticamente imperdoável para quem vive em grupo. Há de se separar os mundos e, nessa separação, não perder a gentileza, pois é ela que gera outras gentilezas.

Assim, se você acha que pode cuspir fogo como um dragão o tempo todo, não me venha ter crises de nobreza, perguntando: "Por que fui punida apenas por ter sido tão eu?".

O tempo e os afetos

Dizem que o tempo se encarrega de pôr cada coisa em seu devido lugar. É assim desde que o tempo é tempo e caminha implacável do ontem rumo ao amanhã. Assim faz com tudo e, por conseguinte, com os relacionamentos que construímos ao longo do nosso caminho.

Definitivamente, o tempo clareia a visão, esclarece dúvidas, acomoda terras, estreita laços e afrouxa nós, aconchega amigos, leva para longe os inimigos e empalidece as lembranças dos desamigos, que passaram por nós. Digo desamigos, falando daqueles que, de tão queridos, nos pareciam amigos, mas a quem o tempo levou para longe, sem briga ou desentendimento, sem uma ligação ou bilhete, por absoluta falta de rega do afeto, apenas os levou para o museu dos relacionamentos, onde não há vida, somente lembranças, cada vez mais distantes e impessoais...

Com o tempo, conseguimos distinguir com quem podemos contar e para quem somos só número, quem nos interessa e quem se relaciona com a gente apenas por interesse qualquer, quem a gente considera e quem nos considera de verdade, quem sente a nossa falta e quem não nos faz falta alguma, quem a gente pode contar, mesmo distante e quem pode contar com a gente a qualquer tempo e hora, quem se importa com a gente de fato e quem não nos importa mais que fim levou...

Ah! O tempo... Quão precioso é prestar atenção aos sinais que a vida nos emite no seu desenrolar! Quanto tempo a gente perde, dedicando muito do nosso precioso tempo para tratar de coisas menos importantes que regar os afetos, que nos cercam e que, às vezes, só mesmo com o tempo, a vida nos mostrará o quão isso era essencial...

Ser diferenciado ou fazer a real diferença

Atualmente fala-se muito em "fazer a diferença". As pessoas estão cada vez mais preocupadas em ter algo que as diferencie das demais, que as faça parecer únicas diante dos outros, talvez uma celebridade relâmpago.

Para mim, entretanto, fazer a diferença é algo muito mais complexo do que colocar silicone, aplicar botox, ter um corpo definido, sorriso clareado nos padrões de Hollywood ou frequentar os lugares mais badalados. Bons recursos para melhorar a nossa imagem externa não nos fazem absolutamente diferentes dos demais, muito pelo contrário. Fazer a diferença, tampouco, é ter poder ou mais dinheiro que os outros, ainda que isso dê acesso a muitas coisas que a maioria não tem.

Penso que fazer a diferença só faz real sentido quando, ao invés de tentar se destacar superficialmente olhando sempre para o próprio umbigo, conseguimos olhar para o outro, ajudando a ressaltar o que ele tem de melhor. Resumindo: só faz a real diferença quem sai de si e vai em direção aos outros, acrescentando valores à vida deles. Todo o resto é ilusão do mundo de consumo, que nos torna produtos em série, altamente descartáveis na próxima coleção.

Eu acredito que
gentileza
gera
gentileza
e que falta de
gentileza
não gera nada.

Sobre permanecer *bem casado*

Casar é relativamente fácil. Qualquer pessoa é capaz de encontrar uma cara metade e montar uma casa. Manter-se bem casado, entretanto, é bem mais trabalhoso e complexo que simplesmente casar, pois não há receitas que valham para todos. Ao meu ver, entretanto, alguns ingredientes básicos se fazem necessários e são comuns a todos os casais felizes.

Há de se ter interesses e sonhos em comum e a capacidade de apoiar o outro na busca dos seus sonhos e de ser apoiado por ele também.

Há de se ter disposição para conquistar o outro diariamente, mesmo quando a rotina insistir em nos dizer que isso não é mais necessário, pois já o conquistamos a ponto de se casar conosco.

Há de se ter vontade firme para prosseguir caminhando, mesmo quando surgirem os problemas, que, ao longo de uma vida, serão muitos e de complexidades diversas.

Há de se ter gentileza nos gestos e doçura nas palavras e, mesmo no calor das eventuais discussões, manter o respeito ao outro.

Há de se ter admiração pela pessoa que o outro é e ser capaz de gerar o mesmo tipo de encantamento nele.

Há de se ter paciência para conviver com aquilo que, no outro, nos incomoda e por ele também ser olhado com igual benevolência, pois ambos precisamos ser aceitos com as nossas qualidades e defeitos.

Há de se ter vontade de cuidar bem do outro e também por ele ser bem cuidado, pois viver bem a dois pressupõe cuidados.

Há de se ter leveza e bom humor para encarar a vida, pois disso depende a atmosfera de alegria, que dominará o lar e nos fará sobreviver aos dias tristes.

Há de se imaginar velhinhos e juntos por opção, e não por circunstância ou conveniência.

Em resumo, para permanecer bem casado é preciso sair do estado de paixão para viver no estado de amor, onde é preciso encantar, atrair, admirar, respeitar, cuidar, tolerar e perdoar. Deixar de lado a fantasia do par perfeito para construir diariamente o casal feliz. Como disse no início, não é fácil, tampouco para todos, apenas para os que desejam e trabalham duro para que isso aconteça.

Por um pouco mais de empatia

Às vezes, a gente se comporta como se a dor do outro valesse menos do que a nossa. A violência segue banalizada na mídia, que divulga detalhes inacreditáveis em seus noticiários, filmes e novelas sangrentos, enquanto as pessoas comem pipoca no sofá ou nas salas de cinema.

Parece que estamos vivendo uma crise de senso e noção. Em meio a tantas formas de comunicação, aliadas à liberdade de expressão e à multiplicidade de canais de veiculação de informações, algumas pessoas acham que podem falar tudo que lhes vem à cabeça, sem filtros nem autocensura, como metralhadoras giratórias de palavras. Infelizmente, elas não aprenderam que fazer piadas com todos os assuntos às vezes não é nem um pouco engraçado.

Então, depois de acontecimentos devastadores, ocorridos com pessoas de bem e capazes de desestruturar a paz de qualquer pessoa ou família, vemos as redes sociais invadidas por piadas de péssimo gosto, no melhor estilo "perco o amigo, mas não perco a piada", disseminadas por pessoas que não desenvolveram a capacidade de se colocar, minimamente, no lugar dos outros e respeitar a sua dor. Penso que essas pessoas, infelizmente, faltaram a algumas aulas de vida, deixando de aprender importantes lições como empatia, solidariedade e compaixão.

Sim, defendendo a alegria, mas há de se ter discernimento, porque nem tudo é engraçado. Amo as palavras e as diversas formas de expressão, mas procuro praticar algo que ensinei desde cedo às minhas filhas: em situações importantes ou dramáticas, se não tiver algo de bom e construtivo a dizer, fique calado! Se amigos forem perdidos porque você não riu da piada da vez, sinto dizer que eles não eram seus amigos.

Ponha a **paz** na sua pauta

O mundo é um só. Está tudo completamente interligado. Não existe mais o mundo daqui e o do lado de lá. O que acontece num canto reflete imediatamente em outro. Estamos irremediavelmente globalizados.

Então, não há como pensar que o que acontece em terras distantes não nos atingirá. De alguma forma, todos serão mais ou menos afetados. Prova disso é a morte de civis de diversas nacionalidades na derrubada de um avião comercial motivada pela guerra entre dois países: uns estavam indo ou voltando de férias, outros eram sumidades na busca da cura da AIDS, outros ainda iriam realizar negócios e no momento seguinte estavam todos mortos.

Milhares de pessoas ao redor do mundo tiveram suas famílias mutiladas pelas guerras. Aí você se pergunta o que tem a ver com isso. Lembra do início da conversa? Estamos todos interligados. Ou lutamos pela paz ou, mais cedo ou mais tarde, seremos marcados de alguma forma pela violência no mundo. Temos que fazer valer nossa condição de pessoas de bem e colocar a PAZ na pauta de nossas conversas, fazê-la constar das nossas atitudes, vestir essa camisa e sair por aí. Temos que rezar pela paz dos que estão em guerra, seja qual for a nossa religião.

Usemos a nossa energia para criar uma onda de positividade e paz no mundo. Não precisa ser Nelson Mandela, nem Teresa de Calcutá ou o Papa Francisco para fazer isso. Atuemos apenas nos nossos círculos, que unidos a outros, darão expressividade e força ao tema. Falemos de paz. Isso é muito mais importante e valioso para todos do que certos assuntos banais para o quais, por vezes, dedicamos tanto tempo e energia.

Sobre a necessidade de se renovar

Tirando os conceitos básicos, dos quais não abro mão tal a força que exercem sobre a minha personalidade, sou um ser em permanente transformação. Procuro manter a minha mente conectada com o novo e deixar que ele sopre seus ventos sobre a minha alma.

Acredito que parte desta transformação se dá por aquilo que nosso olhar capta do mundo e do que o mundo capta de nós, envolvidos em milhares de circunstâncias momentâneas.

Por isso, sempre que procuro encontrar dentro de mim a solução para algum impasse atual, com base em algum padrão de comportamento passado, me deparo com um alguém que fui, um pouco ou muito diferente de quem sou hoje, porque os problemas podem até ser recorrentes, mas minha forma de encará-los é sempre diferente. Assim, apesar da caixa de primeiros-socorros e soluções instantâneas que guardo na alma, nem sempre consigo aplicá-las. E se não posso mudar os problemas, nem dar a eles as mesmas soluções de antes, devo mesmo é rever os meus padrões, aplicar outros recursos e simplificar o que puder ser descomplicado.

Deixando de ser babaca, só por hoje.

A intolerância está no ar! De repente, qualquer gota transborda os copos, mesmo os que estavam pela metade. Depois do politicamente correto, surgiu nas redes sociais a onda dos haters (odiadores) ou do "posso ofender gratuitamente a quem bem entender, em nome da liberdade de expressão". Será que pode mesmo? Onde afinal isso vai parar? E, antes de parar, quanto vai destruir pelo caminho? Aliás, que caminho é esse? Para onde ele leva?

Não. A gente não pode sair por aí falando coisas de forma inconsequente e cruel, apenas para ter cinco minutos de subfama na internet! É vazio, sem sentido e revela ao mundo apenas o pior de nós. Acredite: a vida é muito melhor que isso, e o mundo precisa mesmo é de muita energia boa girando por todos os cantos para que construamos algo de real valor.

Então chega de desperdiçar energia, espalhando intolerância e agredindo gratuitamente pessoas que nem mesmo conhecemos. Assim como nos Alcoólicos Anônimos, vivamos um dia de cada vez, espalhando apenas o bem "só por hoje". Amanhã será outro dia, certamente melhor, com a nossa humilde, mas valiosa contribuição.

Um nude no meu inbox
e uma reflexão sobre felicidade

Há algumas semanas fui abordada por uma mulher em uma mensagem privada um tanto "inusitada".

Deu boa-noite, me chamou de linda e de querida e enviou uma foto de seus peitos nus, visivelmente siliconados. Fiquei um tanto surpresa, pois não a conhecia. Disse a ela que havia mandado a foto para a pessoa errada. Mas a foto não me surpreendeu tanto quanto a resposta: "Estes são os meus peitos depois da terceira intervenção cirúrgica. Coloquei "x" ml. Sou cirurgiã plástica e estou divulgando o meu trabalho. Desculpe se a foto a chocou. A foto foi errada, mas você é a pessoa certa".

Fiquei ali matutando como ela chegou a essa conclusão se nunca nos encontramos pessoalmente, nunca trocamos nenhuma frase virtualmente e não posto fotos mais reveladoras de meu físico a ponto de ser avaliada. Respondi então que, infelizmente, eu não era a pessoa certa para esse tipo de abordagem, pois sou bem resolvida com o meu aspecto físico, mas ela continuou: "Estudo a beleza há mais de dez anos. Segundo a

Universidade de Harvard, TODAS as pessoas com mais de trinta anos estão insatisfeitas com o seu aspecto físico. Isso é um fato incontestável".

Quando ela me encaixotou e etiquetou com a etiqueta de TODO MUNDO, tive que ser mais clara com ela: "Desculpe. Não me choca ver corpos nus. O que me deixa intrigada é receber uma foto de uma pessoa nua que nunca vi ao vivo. Achei uma forma, digamos, um tanto inusitada de se divulgar. Respeito o seu trabalho e desejo toda a sorte do mundo na divulgação. Quanto à pesquisa científica, com todo respeito à Harvard, ela não define o meu grau de bem-estar nem a minha autoestima. Sou muito bem resolvida com isso e cirurgia plástica não é a minha vibe".

Trocamos ainda uma meia dúzia de frases e depois ela sumiu. Nunca mais recebi nenhuma mensagem dela, ainda que me tenha dito que eu "era muito inteligente e que ela gostava de pessoas inteligentes". Fico aqui pensando a que ponto chega essa padronização do tipo físico que a mídia tenta impor às pessoas, principalmente às mulheres. Basta olhar no entorno e ver quantas pessoas infelizes com seus corpos, ignorando totalmente a bagagem genética do seu tipo físico, tentando preencher o vazio da mente com silicone e paralisar a tristeza da alma com botox. Nada contra quem quer dar um upgrade no seu visual. De verdade, acho superválido quem quer se cuidar, mas não acredito que exista um procedimento estético que seja obrigatoriamente desejado por todos.

Prefiro acreditar que o único sonho de consumo aplicável a todos os mortais seja o de ser feliz e ser amado, e isso não absolutamente tem nada a ver com a casca e sim com o conteúdo. Talvez, um dia a ciência descubra que não adianta vender peitos novos e sim corações permanentemente renovados e firmes na escolha de serem felizes.

SABE O QUE **diferencia** UMA PESSOA **infeliz** DE OUTRA **feliz?** A ESCOLHA.

Muitas risadas soltas no ar...

O dia em que conheci
Silvio Santos ao vivo e a cores

Havia acabado de chegar a Orlando, num misto de euforia e mais euforia, afinal, matar saudades da filha distante há seis meses foi o que me levou até lá. Ao entrar na sala de imigração, uma grande fila de brasileiros provenientes de dois voos já estava formada. Leio o aviso de que ali é proibido o uso de câmeras fotográficas, celulares, tablets e afins. Resignada, aguardei a minha vez.

Fila vai, fila vem, num verdadeiro treino em zigue-zague para as filas dos parques que estariam por vir, olho para o senhor do meu lado, vestido de calça e camisa no mesmo tom de bege e ele sorri pra mim. Olho de novo. Olho para a mulher que o acompanha, acho uma fisionomia conhecida. Olho de novo pra ele e, num segundo, todos os domingos, que o encontrei ficam claríssimos na minha memória. Instantaneamente disparo: "Sílvio Santos!". Ele novamente sorri para mim e responde: "Sim!".

Meeeeeeu Deus! O homem a que assisto desde pequenininha na TV, o maior comunicador do Brasil, um dos empresários mais respeitados do mercado, a pessoa que me faz gargalhar no domingo à noite, enquanto outros canais mostram as mazelas da semana, ali na minha frente, naturalmente simples, simpático e acessível! Não deu outra! Olhei nos olhos dele e perguntei: "Posso lhe dar um abraço?".

Depois do "Claaaro!" da resposta, abracei-o calorosamente e disse o quanto era sua fã, o quanto o admirava como comunicador, empresário e como adorava a sua simplicidade ao tratar as pessoas. Ele respondeu com aquele clássico sorrisão: "Não teria por que ser diferente!".

Perguntou em qual voo eu tinha vindo e me apresentou o seu netinho Gabriel. Pedi para tirarmos uma foto após passarmos a imigração e ele disse que o faria com todo prazer. Depois disso outras pessoas o reconheceram e começaram a falar baixinho na fila: "É o Sílvio!", "Sílvio Santos!", mas ninguém o abraçou como eu. Fomos assim caminhando lado a lado na fila, por um bom tempo. Quando o zigue-zague nos colocava frente a frente, continuávamos a conversa.

Como estava no meu dia de sorte, resolvi presenteá-lo com um exemplar de *Energia e bom humor* que havia trazido na bagagem de mão. Já de canetinha em punho, aguardando o próximo encontro, descubro que ele havia sido retirado da fila. Digo retirado, não porque ele houvesse pedido, pois seus 84 anos de idade exalam jovialidade e sua simplicidade é diametralmente oposta à sua fama. Em menos de uma hora de convivência já havia notado: não é dos que exigem benefícios especiais de tratamento, mas foi conduzido à fila preferencial.

Aí, meu coração disparou! Não era possível que eu tivesse abraçado aquele homem, batido papo e tudo mais e não fosse conseguir entregar meu livro! Bateu um misto de desolação e desafio. Acho que nem todo radar de longo alcance conseguiria rastrear cada passo dentro daquela sala! Pessoas da fila já torciam por mim e pela minha foto! Com cara de cachorro que caiu do caminhão de mudança, acompanhei ele cruzar a porta em direção às bagagens no exato momento em que o simpático senhor que nos atendeu no balcão, lenta e alegremente, cantarolava uma canção enquanto pedia para escanear meus dedos, fazia todas as perguntas de praxe e carimbava meu passaporte!

Horas, digo, minutos depois, cruzei a mesma porta em direção às bagagens, rastreei o ambiente e vi a família dele do meu lado, mas cadê ele? Peço à filha para dizer ao pai para me esperar para tirarmos a prometida foto, mas o genro responde que o sogro está desembaraçando a papelada do cachorrinho da família e isso é sempre um pouco demorado. Então, avisto-o de longe. Desisti? Claaaaaro que não! Fui até bem perto e novamente separada por uma maldita cordinha, disse: "Sílvio!". Com o olhar ele confirmou que estava lembrado da foto. Ufa!

Resolvi então voltar e dizer ao meu marido que ele pegasse as malas, pois eu iria atrás da foto. Corri em direção ao feliz desembarque, quando a sorridente policial me pediu para mostrar mais uma vez... o passaporte! Ai, meu Deus! Corri sem lenço nem documento! Corro de volta à esteira de bagagens para pegar meu passaporte, me encontrei de novo com a família dele já saindo e aí descubro que a mala de minha filha havia sumido na esteira! Como assim? Alguém a havia levado por engano! Bem, a parte de resolver missões impossíveis é minha, como todos sabem.

Lá fui eu, procurar a mala e a calma, que deviam ter ido de braços dados pro mesmo buraco negro! Respirei fundo, achei a mala e com o passaporte na mão cumprimentei a sorridente policial. Cruzei finalmente a porta e... Cadê Sílvio? Desisti? Não!

Passei pelos muitos e sinuosos corredores como um trem-bala, puxando duas malas enormes como se estivesse empinando pipas, tamanha a leveza, e nada de Sílvio! Entrei num elevador repleto de malas e brasileiros e, ao sair, *caí* em cima das malas! Prossegui correndo, como se não houvesse amanhã, e só na locadora de carros concluí que não conseguiria tirar a tão desejada foto...

Desisti? Não! Apenas adiei o sonho. O fato de ter abraçado aquele homem a quem tantos admiram como eu, que começou como camelô e venceu pelo trabalho e por gostar de se comunicar com as pessoas, me inspirou e sinalizou que devo continuar com muita energia e bom humor!

Exatos dois dias depois, passeando de carro por Celebration, reencontrei Íris na porta da casa deles! Saquei meu livrinho de dentro da bolsa, pedi para parar o carro, fui até ela, me reapresentei, falei do sonho de eles terem o meu livro. Ela foi muito simpática e elogiou o título, escrevi uma dedicatória para os dois – com uma letra horrorosa, pois minhas mãos tremiam mais que papel de seda em ventania –, tirei uma foto para a "Galeria de leitores queridos", agradeci e voltei para o carro vitoriosa!

Aí vocês devem estar se perguntando: "E a foto com Sílvio? Desistiu?". Não! Apenas adiei mais um pouco, mas que importância tem isto diante do abraço caloroso que trocamos? Com certeza, esse vai ser o meu ano de sorte!

ENCHA O SEU
CORAÇÃO
de alegria!

Juju psicóloga e sua terapia maluca

No meu círculo de queridos, tenho uma amiga, Juliana Napolitano, psicóloga muito divertida e gente boa. Trabalhamos juntas no mesmo local e, na época, por diversos fatores, passávamos por um momento complicado, com cobranças e pressões vindas de pessoas de escrúpulo bastante duvidoso. O resultado: estresse alto grau.

Costumávamos almoçar com pessoas com as quais tínhamos afinidade, como forma de descontrair, e volta e meia aconteciam coisas muito engraçadas. Em certo dia tenso, depois de passarmos o almoço espinafrando tudo que nos afligia, voltamos a pé para o trabalho. Ao pararmos para atravessar a avenida de intenso movimento, Juju sugeriu ao grupo:

– A gente devia praticar a terapia da gargalhada!

– Como assim? Terapia de quê?

– Da gargalhada?

– O que é isso, maluca?

– A gente começa rindo, vai aumentando o volume, depois gargalha bem alto até extravasar tudo!

Disse isso e começou a gargalhar em toda altura, encarando as pessoas que passavam na calçada! O grupo se entreolhou incrédulo, mas não resistiu: foi contagiante e libertador! Caímos todos na gargalhada! Demoramos muito mais tempo para atravessar, pois não conseguíamos parar de rir e muito menos andar! Entramos no trabalho leves e felizes, esquecidos de todas as chateações, como se aquele fosse o melhor lugar do mundo para se trabalhar.

Já se passaram alguns anos, mas nunca me esqueço dessa terapia maluca e, de vez em quando, aplico-a com minhas filhas. Gargalhamos bem alto até produzirmos bastante endorfina e a situação ridícula nos fazer entender que rir é mesmo o melhor remédio!

De pernas pro ar com o contador

Precisei ir ao escritório da contadora para assinar alguns papéis. Ao chegar, devido à sua ausência, fui gentilmente recebida por seu sócio, um senhor alto e bem vestido, a quem nunca havia visto antes. Sentado atrás de uma enorme mesa de mármore branco, ele me entregou toda a papelada e fui prontamente assinando. Quase ao final, com a mão já cansada, falei: "Nossa! Meu nome é muito grande! Já estou cansada de assinar! Faltam muitos?". "Faltam só esses aqui!"

Semialiviada, sentei mais perto da mesa, bem na pontinha da cadeira e, ao assinar o último papel, me inclinei levemente para a frente... e vuuuuuuuuuum!, voei da cadeira! Caí no chão, literalmente, de pernas para o ar, no pequeno espaço entre a parede e a mesa! Olhei rapidamente em volta, sem entender o que havia acontecido e três coisas me chamaram a atenção: a cadeira sem o assento, o assento solto no chão e o gentil senhor, antes branco, totalmente vermelho, não sei se de vergonha ou desespero, me estendendo nervosamente as mãos!

"Senhora! Senhora! Está tudo bem? A senhora se machucou? Desculpe! Essa cadeira está com o assento solto. Esqueci de avisar. Segure na minha mão!"

Falava e tossia, tentando controlar a boca, que queria rir, mas não podia diante do constrangimento da situação. Mas o que ele não sabia é que eu sempre rio quando caio e só consigo me restabelecer depois disso. "Está tudo bem, senhor! Essa cadeira é uma armadilha para despachar logo os clientes? Fique tranquilo! Pode rir da situação, que é realmente ridícula! Só conseguirei me levantar depois que eu parar de rir!"

Dito isso, ri mais um muito, me levantei, recompus o visual, saí da sala e passei pela recepção, onde havia três funcionários do escritório conversando baixinho. Desejei boa-noite e segui rumo ao elevador, que me levaria para bem longe daquela situação vexatória. Ainda no hall, porém, ouvi uma sonora gargalhada daquele grupo, ecoando da sala.

"Hahaha! Vocês ouviram? A mulher caiu da cadeira! Caiu meeeesmo!"

Respirei fundo e com o último fiapo de dignidade que me sobrou diante do constrangimento, empostei a voz e falei com a firmeza de uma boa atriz: "Caí, mas não fiquei surda! Daqui do hall dá para ouvir tudo o que se fala aí nessa sala!".

Um silêncio desértico tomou conta de todo o hall e o elevador se abriu, cheio de gente. Entrei com a postura altiva, como se nada tivesse acontecido, mas pensando que há coisas na vida que só acontecem para termos histórias engraçadas para contar depois.

Toca Diana!

Sempre fomos um casal festeiro. Gostamos de celebrar a vida entre amigos! E as festas na casa de Luís Fernando Pimenta eram memoráveis. Como Cláudio toca violão muito bem, naquela época fazia parte do script levar o seu violão para os encontros de amigos, nos quais ele tocava e todos cantavam, sempre tornando as rodas bem mais animadas.

Numa dessas festas na casa de Luís Fernando, uma das convidadas, amiga do aniversariante, animadíssima, insistia em ficar próxima do músico. A noite foi transcorrendo normal até quando voltei do banheiro para a varanda e a tal amiga estava colada no meu marido, sentada num banquinho mais alto, quase dando uma chave de pernas no seu pescoço tamanha era a proximidade. Ele continuava tocando, sem perceber nada.

Fiz questão de ficar a distância, mas mantendo-a na mira. Eu e a namorada de Luís Fernando sentamos de frente para ela e nem piscávamos os olhos, rastreando qualquer movimento da moçoila. Ficamos assim um bom tempo até o aniversariante perceber e, gentilmente, segurando no braço dela, dizer:

– Querida, você não está sentada num bom lugar. Venha cá. Melhor ficar aqui! – numa cadeira bem longe do amigo violeiro. Fez isso e olhou para mim e para a namorada como se dissesse: "Missão cumprida".

Lá pelas tantas, quando praticamente já não havia mais repertório, a tal periguete resolveu ser mais incisiva e se pendurou no ombro de Cláudio:

– Ah! Toca "Diana"! Toca "Diana"!

Olhei para Cláudio, que já ensaiava dedilhar as primeiras notas da canção pedida e disse firme:

– Vamos, amor. Já está tarde.

– Ah! Mas toca "Diana", de saideira! – insistiu a periguete.

– A festa A-CA-BOU! Chega de violão por hoje! Quem quiser ouvir "Diana" vai ouvir no rádio!

Na festa seguinte não a encontramos mais. Por algum motivo foi "limada" da lista de convidados e demos muitas risadas, na mesma varanda, relembrando o episódio.

A melhor coisa da vida é ter histórias para contar e algumas delas, sem dúvida, me dão mesmo muita vontade de rir ao relembrá-las!

Nós, as visitas e a lei de Murphy

Ainda morávamos em Salvador e gostávamos muito de receber hóspedes amigos em nossa casa. Assim, quando Paulo e Rose, amigos paulistas que conhecemos na lua de mel, disseram que passariam uns dias conosco, foi uma alegria só!

A casa estava um brinco, limpinha, cheirosa e arrumada. O freezer recheado de comidas gostosas e bebidas variadas, tudo pronto para recebê-los! Ao reencontrá-los no aeroporto, foi uma euforia só! Muitos abraços, beijinhos e fofocas colocadas em dia já dentro do carro, a caminho de casa! Conversa vai, conversa vem, começamos a falar de bichos. Aí, a baratinha voou, voou e caiu na conversa. Todos foram unânimes: barata é bicho asqueroso!

– Graças a Deus, na nossa casa não tem barata! Não quero nem falar! Apartamento novinho, pouca gente morando no prédio... Não tem nem formiga!

– Pula essa parte! Vamos falar do verão – disse minha animada hóspede!

– Menina, tá bombando!

– É! O calor tá de matar! São Paulo tava chovendo...

– Bem-vindos à Bahia!

– Vamos levar vocês na Lavagem do Bonfim!

– Nossa! Festa famosa! Tô doida pra ir!

Estacionamos o carro, descarregamos a bagagem, calor senegalês, entramos no elevador, apertamos o sexto andar...

– Bacaninha seu condomínio!

– Gostou? Quando chegar lá em cima, vai ver a vista para a piscina!

– Delícia! Vamos matar o calor quando estivermos em casa!

Descemos do elevador, a luz do hall acendeu automaticamente e apontei, animada, para a minha porta.

– É ali! Chegamos! Sintam-se em casa! Sejam bem-vindos!

Havia, porém, mais alguém no andar a nos aguardar. Sinto a espinha gelar! Quem nos esperava na porta, paradinha para também receber os hóspedes? Uma BA-RA-TA com antenas e tudo! Bem ali, no canto superior da porta cor de marfim acetinado, vestidinha monocromática de marrom, num hall todo claro. Se pelo menos estivesse no chão eu a teria disfarçadamente matado, ainda que furiosa! Mas ela estava na porta! Tive certeza de que fez de propósito para ser notada de cara na primeira visita! Queria concorrer com os meus hóspedes! O que dizer nessa hora? "Socorro! Isso nunca me aconteceu antes"? Ainda que fosse a mais pura verdade, quem acreditaria? Restou-me respirar fundo, matá--la ali mesmo, na frente de todo mundo, no calor da emoção e pedir desculpas, murcha, humilhada pela presença daquele inseto que, além de me fazer passar por mentirosa e denegrir a imagem da minha casa, seria o único a resistir a uma guerra nuclear. Suprema vergonha!

A estadia dos meus hóspedes transcorreu na mais pura alegria, sem mais nenhum susto desse gênero ou de outros, graças a Deus. Até hoje não sei como aquela maldita barata foi parar naquela porta, mas aprendi duas boas lições: 1) a natureza é soberana e incontrolável; e 2) nunca diga que na sua casa não existe nem vestígio de barata, pois você pode ser acometido pela versão asquerosa da Lei de Murphy, da qual ninguém escapa, pois é como a própria barata: pode aparecer a qualquer momento e nos deixar com a carta do mico nas mãos.

Felicidade é
uma decisão:
você decide
ser feliz
apesar de
tudo
e segue
em frente.

Delicinha de lanche exótico!

Eram colegas de trabalho. Moema, espalhafatosa, falava alto, tinha gênio explosivo e era dada a pequenos chiliques quando contrariada. A outra, alta, sorridente, comedida e chique, mas, como nem tudo é perfeito, curiosa e com um apetite voraz, ainda que não levasse lanche para, supostamente, manter a forma.

Os dias no trabalho, apesar de atribulados, eram animados com os lanchinhos da tarde trazidos por um e por outro e compartilhados por todos. Como a chique comia qualquer coisa que lhe passasse pela frente, a espalhafatosa resolveu certo dia levar um lanche "especial".

– Huuuum! O que é isso nessa caixinha, Moema?

– Uma coisa diferente que trouxe para nós!

– Aaaah! Deixa eu ver! É de comer?

– Aham...

– Ah! Vou provar um pouquinho, tá?

– Tá...

– Mas é em forma de pó mesmo?

– É...

– Huuuum! É salgadinho! Tem um sabor diferente, mas é gostosinho!

– Gostou?

– Gostei! O que é isso?

– O pó de minha avó, que foi cremada na Espanha!

– O quê? Como assim? Que brincadeira de mau gosto é essa? Como você é desagradável!

Falava e cuspia, foi lavar a boca, batendo os pés pelo corredor, voltou e bebeu água várias vezes para tirar qualquer vestígio de sua boca, enquanto a outra tinha uma crise de riso como não mais fosse conseguir parar. Ficaram muitos dias sem se falar. Uma ofendida e bicuda, a outra rindo para as paredes e oferecendo sempre um pouquinho do seu lanche, que jamais seria aceito novamente.

Não tenho mais contato nem com uma nem com a outra, pois faz muito tempo que isso aconteceu, mas rio sozinha todas as vezes que relembro essa história, pois qualquer semelhança com fatos reais não é mera coincidência. Quando se observa pessoas, boas histórias sempre podem ser registradas.

Conversa funga-funga

Sempre gostei de observar pessoas e escutar suas histórias. A casa do meu avô Oyama e da minha avó Didia era um verdadeiro playground para esse tipo de atividade, posto que eles também adoravam gente e sempre abrigaram muitas pessoas à sua volta, responsáveis pela formação de muitas delas. Como passava férias com meus avós duas vezes por ano, adorava escutar as conversas na varanda ou no quintal, onde conheci personagens interessantíssimos.

Um desses personagens era o compadre Fábio, padrinho da minha mãe. Alto, de andar meio encurvado, nariz grande em formato de bico de papagaio, ele era muito eloquente nos seus posicionamentos, feitos com uma voz grave e, ao mesmo tempo rouca, acompanhada de pigarros crônicos, decorrentes do consumo de cigarros, que fumava sem parar, acendendo um na brasa do anterior. Lembro que, ao final de suas visitas, o cinzeiro de pé, que sempre era colocado à sua disposição, ficava lotado de cinzas, com um cheiro horroroso e, talvez, venha daí a minha aversão ao fumo. Mas havia outra característica tão marcante no compadre Fábio quanto o seu vício: ele tinha certa mania de "aumentar" as histórias que contava, acrescentando detalhes, aqui ou ali, digamos assim, um tanto fantasiosos. Suas conversas começavam bem, mas em determinado ponto, eram invadidas por sua imaginação fértil, o que era notado pelos atentos ouvintes.

Muito espirituosos e excelentes anfitriões, meus avós não o desmentiam, mas encontraram uma forma codificada de sinalizar à família o momento em que, no meio da conversa, deixavam de acreditar no que dizia o compadre. Assim, a cada mentira proferida, uma pessoa fungaria como se estivesse gripada. Nem precisa dizer no que isso deu! As visitas do compadre Fábio eram assistidas por uma plateia sempre atenta e gripadíssima, num funga- -funga sem controle que nos rendia ótimas gargalhadas depois que ele cruzava o portão se despedindo. Durante um bom tempo, isso virou uma piada interna e, a cada pessoa que era pega mentindo numa conversa, os outros se entreolhavam, fungavam e caíam na gargalhada.

Hoje, tanto meus avós quando o compadre Fábio não estão mais entre nós e aquela casa não pertence mais à minha família, mas só de lembrar de tudo isso, dei boas risadas! Graças a Deus, tive uma infância feliz e tenho um baú lotado de boas histórias! Com certeza, esse é um dos maiores tesouros de um escritor.

De **Mulher-Maravilha**
a Mulher-Eletrodo

Sempre me considerei uma Mulher-Maravilha, fazendo mil e uma artes sem perder o cinturão. Há pouco tempo, porém, tive que fazer uns exames de saúde e, por conta disso, prendi ao meu corpo dois aparelhinhos, um para monitorar os batimentos cardíacos e outro para mapear a pressão arterial.

O primeiro deles, muito educado, não me causou maiores incômodos. O segundo, porém, além de grande, trazia consigo uma fiação igualzinha a uma mangueira de chuveirinho de banho barato e apertava meu braço, de quinze em quinze minutos. Para completar o cenário de tortura, por conta da tal monitoração, não podia me separar dos tais aparelhinhos nem para tomar banho. Melhor dizendo, por conta deles, não poderia tomar banho por 24 horas e o calor, na

Terra da Garoa, estava senegalês! Mas, como diria meu sábio tio Celso, "pior é na guerra".

Segui então conformada com a situação. Recebi meu marido, no final da tarde, de shortinho jeans e top, com mais fiações ligadas ao corpo que a caixa de força de um trio elétrico. Ele, que é mestre em tentar me fazer rir nas situações adversas, diante do ridículo da situação, disparou: "Hahahaha! A Maria Elétrica virou a Mulher-Eletrodo!".

Tive que rir. Afinal, rir é o melhor remédio, não é?

No dia seguinte, livre de todo aquele aparato, tomei sol e nadei na piscina, feliz por poder me locomover livremente e dessa história ter lucrado mais um título, o de Mulher-Eletrodo, a que aproveita intensamente cada momento, inclusive os ridículos.

Os reis do twist do Caribe

Meu marido e eu adoramos viajar. E quando estamos passeando por aí, fazemos um monte de coisas que nos rendem ótimas histórias. Num cruzeiro de navio pelo Caribe não seria diferente.

Em uma das noites, fomos a uma das boates do navio e dançamos animadamente, ao som ao vivo de uma banda de rock dos anos 50/60. Estava uma delícia e a gente se esbaldou na pista. Lá pelas tantas, duas pessoas da tripulação nos pediram para ficar na lateral da pista porque queriam que participássemos de um concurso de twist. Num lugar, onde a maioria absoluta era de norte-americanos, gelei ao pensar no tamanho do mico. Desespero maior foi constatar que só seriam três casais concorrendo na disputa e que a plateia era enorme.

Ao comando do apresentador do concurso, a banda deu os primeiros acordes e um casal deu um show de twist! Enquanto isso, eu tentava, inutilmente, convencer a moça da tripulação que o meu negócio era samba e que eu não sabia dançar twist a ponto de estar num concurso. Então, o segundo casal se apresentou e deu outro show. Eu assistindo, o frio na barriga beirando o inverno siberiano, meu marido cochicha no meu ouvido:

– Quando a banda der o primeiro acorde, vou me jogar no chão e sair deslizando de joelhos, como nos filmes!

– Pelo amor de Deus, não faça isso! Deixe de brincad...

Tchaaaaaaaan!!! Prometeu e cumpriu! Jogou-se no chão e, não me perguntem como, deslizou pela pista encerada até bem looooonge! Eu? Bem, se você não quer brincar, não desça para o playground, não é o que dizem? Quando vi a metade da minha dupla se distanciando de mim e a música tocando bem alto, ignorei a plateia e saí twistando na direção dele, balanceando os braços. Hoje, analisando friamente, eu devia estar parecendo um boneco inflável, desses de posto de gasolina, mas me joguei na dança! A plateia foi ao delírio!

Ao final da apresentação, fomos ao julgamento, feito mediante aplausos.

– Number one!

– Eeeeeeeeeeeeeeeeee! (Aplausos!)

– Number two!

– Eeeeeeeeeeeeeeeeeeeeee! (Aplausos!)

– Number three!

– Eeeeeeeeeeeeeeeeeeeeeeeeeeeeeeeeeeeee! (Muuuuuitos aplausos!)

A torcida veio abaixo! Vencemos o concurso, ganhamos um monte de prêmios, fomos fotografados e filmados pela equipe do navio e saímos dando muitas risadas. No dia seguinte, já com o navio atracado, passeando pelas ruas de San Juan, ouvimos um senhor americano gritar na nossa direção, acenando alegremente:

– The Kings of Twist!

Nem acreditei na repercussão daquela noite, mas de volta à cabine, ligamos a TV e descobrimos que nosso show estava sendo transmitido na programação interna do navio. Assim, até o final da viagem fomos cumprimentados por diversos passageiros.

Já desembarcados, fomos abraçados por um simpático passageiro peruano, que nos mostrou o filme do navio, comprado de recordação, segundo ele, porque trazia imagens nossas, dançando naquele concurso. Nunca frequentamos aulas de dança, tampouco participamos de outros concursos do gênero, mas uma coisa não se pode negar: ficamos famosos como os Reis do twist do Caribe!

*Permita-se
ser feliz!*

Queridos de perto e de longe

O **amor** *depois da tempestade*

Olho para você e vejo o passar dos anos nos fios grisalhos da sua barba. Parece que foi ontem que conheci você com muito mais cabelos pretos. Lembro nitidamente das primeiras palavras que trocamos e o quanto achei o seu olhar marcante enquanto conversávamos.

Também me lembro do dia que, alguns meses depois, pela primeira vez, achei que havia algo a mais rolando no ar, depois daquela tempestade que nos deixou ilhados num bar com outros colegas, enquanto a cidade inundava por causa da chuva. Acreditei em você quando, batendo as mãos nos bolsos, procurava a chave do seu carro, no qual iria me levar para casa de carona. Já no caminho, em meio a dezenas de ruas alagadas e árvores caídas, me senti tranquila por tê-lo ao volante. Parecia que ao seu lado eu estaria a salvo de qualquer transtorno. Tempos depois, você acabou por confessar que fingira perder as chaves somente para que todos fossem embora, dando distância do seu carro e pudéssemos voltar conversando a sós, longe dos olhares curiosos. Lembro-me do beijo que tentou roubar na despedida e de como meu coração, que até então estava adormecido, disparou.

De lá pra cá, namoramos, casamos, formamos uma família, viajamos para muitos lugares, mudamos de cidade e de empregos, muitas coisas aconteceram e muitas pessoas passaram por nós. Muito tempo já se passou, depois da primeira vez em que nossos olhares se cruzaram. Tantas emoções já povoaram nossas almas, muitos desafios já vencemos juntos, tantas lágrimas já enxugamos um do outro... Mas hoje senti necessidade de dizer novamente o quanto você é importante para mim!

Olhando para trás, vejo que adquirimos a maturidade também para o nosso relacionamento. E é com alegria que colhemos os frutos de tudo isso. Não se trata de um relacionamento pronto, que alcançou um patamar máximo de perfeição. Trata-se de algo construído, costurado, conquistado palmo a palmo, a dois. Arrisco a dizer que enraizamos nossa árvore em solo bom e, ainda que, vez por outra as tempestades da vida soprem mais fortes do que gostaríamos e balancem os galhos como se fossem derrubar toda a folhagem, sabemos que ela reflorescerá e refletirá o sol, tão logo ele brilhe novamente.

Olhando para você agora, tenho a mesma sensação de confiança e tranquilidade que tive na noite daquela tempestade: Sei que conto com você para passar com segurança pelos imprevistos que cruzarem nosso caminho. Gosto de encostar a minha cabeça no seu peito e ter a certeza de que escolhi muito bem o meu companheiro para todas as horas de todos os meus dias.

Quero continuar assim, caminhando de mãos dadas com você, ora fortalecendo, ora sendo fortalecida pela sua presença, certa de que o amor que nutrimos um pelo outro não cai do céu no colo de ninguém, é fruto dos nossos esforços, da nossa paciência, de nossa persistência e da dedicação que temos um pelo outro.

A você, meu melhor amigo e, certamente, muito mais do que isso, desejo que sigamos firmes, cultivando juntos a parceria, a cumplicidade, a sabedoria e o amor, que nos une, até que os nossos cabelos fiquem totalmente embranquecidos pela vivência a dois e, ainda assim, nos reconheçamos felizes como um casal. Certamente, o nome disso é Amor e o sobrenome, Admiração.

Um sonho
SONHADO A DOIS
é muito mais
BONITO.

Bati na porta do seu **coração**
e pedi pra entrar

Minha mãe gosta de dizer que "Coração alheio é terra em que não se anda...". Segundo seu sábio olhar, ninguém consegue penetrar no coração do outro de forma a decifrá-lo por completo.

Quando me relaciono com as pessoas à minha volta, ciente desse ensinamento, chego de mansinho, bato gentilmente na porta e peço licença para entrar. Faço isso, na maioria das vezes, com um sorriso franco e real desejo de ser aceita com todas as malas que carrego, repletas de vivências, sentimentos, minhas visões de mundo e desejos de trocar.

Poucas foram as vezes em que não consegui entrar, pois, como era de se esperar, as pessoas são diferentes e algumas não abrem as portas de seu coração a forasteiros que, a seu ver, queiram tomá-los de assalto. Em outras, cheguei bem perto da porta, mas concluí que não queria passar da soleira, pois o que me aguardava talvez não fosse tão bom de ser compartilhado comigo, pois tenho um defeito: gosto de corações luminosos, não me atraem espíritos sombrios, sentimentos escondidos atrás de cortinas escuras, e corredores cheios de tapetes prontos a ser puxados sob os nossos pés. Dessas pessoas, prefiro manter uma salutar distância.

Na maioria das vezes, graças a Deus, tenho tido a sorte de ser recebida de braços abertos, com calorosos abraços! Parece que falar de forma simples sobre coisas do coração me deu uma espécie de passe livre para entrar em corações vibrantes e confortáveis, onde converso alegremente, mesmo sem que nunca nos tenhamos conhecido, como mandaria a boa etiqueta.

Revisitando a frase, que durante toda a minha vida ouvi da minha mãe, acho que coração alheio é mesmo terra em que não se anda se o outro não quiser, pois, quando quer, abre a porteira, joga fora a trava e puxa a gente para dentro, fazendo a gente se sentir na própria terra, na própria casa, no próprio coração.

Um coração duplex com varanda e vista para o mar

Se os corações são como casas, as pessoas que recebem permissão para entrar são como hóspedes e visitantes.

Tem gente que tem coração tipo quitinete: só cabe um visitante de cada vez e tem que esperar que lhe digam para sentar numa almofadinha do canto da sala... Outros têm coração do tipo apartamento de solteiro: não é grande, mas sempre cabe mais um para passar uns dias, beber uma cerveja ou cantarolar madrugada afora... Existem também aqueles superespaçosos, que poderiam acomodar muitos hóspedes, mas estão sempre vazios, porque as janelas e as portas vivem fechadas.

Por fim, há os corações felizes que, independentemente do tamanho que tenham, estão sempre de portas abertas para receber amigos, têm cheiro de bolo quentinho e música no ar! Há sempre uma toalha de banho e um colchão reservados para o caso de alguém chegar de surpresa. São corações que transmitem aconchego, onde se ouve sons de conversas variadas e de panelas sendo mexidas no fogo.

Em meu coração feliz, confesso que, talvez uns poucos não tenham o privilégio de passar da porta. Talvez não se sentissem muito à vontade com a minha calorosa receptividade. Melhor assim. Não serei eu a exceção de agradar a todos, mas também não sou dada a contar amigos nos dedos das mãos. Prefiro que esse número diminuto se resuma aos "dezamigos"...

No entanto, a maioria dos que passam pela porta principal é recebida com muita alegria. Adoro vê-los esparramados no sofá, zapeando nos meus canais de emoções, sem cerimônia. Arrisco até dizer que meu coração é tão espaçoso como um duplex, do qual alguns têm a chave e ocupam lugar cativo na enorme varanda com vista para o mar, de onde só sairão no último pôr do sol de nossas vidas e, se, só de mim dependesse esse dia, nem mesmo então.

Cultivando as flores mais queridas

Há pessoas que, muito mais que especiais, são essenciais em nossa vida. Com elas, aprendemos a aprimorar as nossas qualidades, a aceitar as nossas deficiências e a encarar com alegria e coragem o dia a dia. É na companhia delas que apaziguamos a alma, embalamos os sonhos, nos desfazemos das mágoas e preenchemos o coração com genuíno afeto.

Muitas estradas serão percorridas em sua companhia. Passaremos juntos por caminhos sinuosos, andaremos de mãos dadas à beira de penhascos, enxugaremos o suor do rosto um do outro, saciaremos a nossa sede de viver entre uma trilha e outra e, por fim, deitaremos lado a lado sob a sombra da árvore de nossa amizade para descansar e celebrar as vitórias compartilhadas.

Não sabemos quantas pessoas desse tipo teremos ao longo de nossa existência. Assim como um grande jardim, entretanto, podemos cultivar relacionamentos especiais em diversos canteiros, trazendo para perto de nós a emoção e o perfume dessas pessoas queridas, a quem, carinhosamente, chamamos de amigos.

Uma pessoa melhor por causa de vocês!

Olho para minhas filhas, Dudinha e Juju, uma menina e uma mulher, ambas pessoas de bem e me sinto orgulhosa do que consegui fazer como mãe.

Lembro-me de como eram pequenininhas em meus braços há tão pouco tempo, e vejo, por vezes assustada, como cresceram, a ponto de ficarem maiores que eu! E não aumentaram só de estatura, cresceram como seres humanos. Sabem tratar e respeitar as pessoas, conseguem distinguir prontamente o certo do errado, são pessoas dignas e de bem.

Como toda mãe, me sinto naturalmente orgulhosa das filhas que tenho, mas, mais do que isto, me sinto grata à vida pelas oportunidades de crescer como pessoa, sendo mãe dessas duas maravilhosas mulheres.

Quero muito agradecer a Juju e a Dudinha por todo amor que me fazem sentir, levando-me a ser uma pessoa muito melhor. Muito obrigada por me escolherem como mãe, nascendo de mim e me permitindo renascer, diariamente, a partir de vocês!

Eu e meu papai

Cidades, montanhas, praias, rios e cachoeiras se espalham nos dois mil quilômetros que nos separam fisicamente. Apenas fisicamente, porém, pois o amor, que tenho por você nunca o tirou do melhor lugar onde poderia estar: dentro do meu coração.

A você devo boa parte de quem sou e quero que saiba que valeu muito a pena ter me ensinado a lustrar sapatos, organizar armários, fazer farofinha de ovos, beber vinho e conhaque, respeitar os mais humildes, ouvir música clássica, soltar fogos de artifício barulhentos, ler Fernando Pessoa, dançar forró e lambada, escorregar em tobogãs, mergulhar no mar sem tampar o nariz, andar de pedalinho no dique de Tororó e muitas outras coisas mais. Não há como não ser grata por tudo isso!

A minha forma de agradecer, se é que em algum dia isso será realmente possível, é criando com as minhas filhas laços de amor simples e cotidianos, como você fez comigo. Nem tudo são rosas, como conosco também não foi, mas isso também aprendi com você: pais e filhos são pessoas e podem errar, porém, quando existe um amor tão grande como o nosso, tudo se ajeita e se acomoda. A conexão entre pais e filhos é uma das coisas mais sagradas inventadas por Deus.

Rezo por você todos os dias ao acordar e antes de dormir, esteja longe ou perto, pedindo a Deus que ainda tenhamos muitas alegrias por viver juntos, você como pai e eu como filha, ambos aprendizes dessa caminhada, chamada vida.

Vovó e Vovô tatuados

Meus avós maternos, Didia e Oyama, moravam no interior da Bahia, a mais ou menos cinco horas de viagem da minha casa em Salvador. Eu adorava passar as férias com eles, na casa muito ampla, onde havia varanda grande com jardim na frente e quintais na lateral e no fundo da casa! Para uma menina criada em apartamento, aquele lugar era mesmo um pedacinho do paraíso!

De manhã cedinho, dava pra ouvir os galos cantando nos quintais vizinhos e o cheirinho do café com pão quentinho saído do forno era tudo de bom! Depois era hora de brincar com os amigos ao redor da casa ou na calçada, ou de sentar na sala para ouvir as histórias engraçadas do espirituoso vovô Oyama.

Na casa de vovô e vovó, eu me sentia amada e protegida, mas, ao mesmo tempo, totalmente livre para brincar, correr de uma esquina para outra, ficar no portão até tarde, caminhar com as amigas até a Praça Nova, ponto de encontro da cidade, sem que ninguém se preocupasse com isso. É certo que naquele tempo não existiam os perigos e a violência para atormentar a cabeça de pais e avós. A única obrigação era estar à mesa na hora das refeições e a única proibição era não correr perto da enorme cristaleira, que, em frente à mesa da sala, brilhava pela enorme quantidade de cristais guardados nela. Era só dar uma apressadinha nos passos naquele espaço para ouvir vovô ou vovó falar: "Perto da cristaleira não! Podem se cortar nos vidros das portas!".

Para um homem que amarrava xícaras de louça para os filhos puxarem, sob a alegação de que "a indústria precisava ir para a frente", a preocupação, certamente, não era com os cristais e sim com a nossa segurança.

Passei muitas férias com meus avós. Muitas delas, sem os meus pais, que precisavam trabalhar, enquanto eu desfrutava daquela prazerosa hospedagem! Creio que fui a neta que mais aproveitou esses preciosos momentos de convivência com os avós, que além de tudo eram meus padrinhos de Batismo. Sinto muitas saudades daquele tempo!

Dias atrás, Juju, a minha filha mais velha, que está morando nos Estados Unidos, fez uma surpresa para meus pais: tatuou no antebraço as palavras "Vovó e Vovô". Assim, "agora Vovó e Vovô irão juntos para onde ela for". Confesso que nunca gostei de tatuagens, mas achei tão linda a homenagem! Ela me fez lembrar da importância que meus avós tiveram na minha vida e de quanto todas as boas lembranças que tenho deles ficaram gravadas no meu coração como tatuagens. Assim como eu, ela foi a neta que mais aproveitou a convivência com os avós e, ainda que eu não tenha isso desenhado no corpo, senti que consegui lhe transmitir a importância de amar os avós.

Esta é a minha homenagem à minha vovó e ao meu vovô, que hoje não estão mais aqui, mas que vão comigo, no meu coração, aonde quer que eu vá.

Tudo o que é feito
com energia
e AMOR
o UNIVERSO
conspira A FAVOR.

Lembranças boas
são para sempre!

Miluzinha nasceu prematura, depois de um susto de nossa mãe, após perder a ajuda de Tereza, sua fiel colaboradora havia nove anos, para um primo que lhe prometera casamento. Chegou apenas onze meses depois de Sylvinha, que meus pais acreditavam que seria a última filha. De repente, a nossa casa tinha dois bebês! À noite, Milu chorava para mamar e acordava, além da minha mãe, a irmãzinha pouco mais velha. Foram dias de muito trabalho para os adultos da casa!

Cresceu falante, cheia de amigos na escola e no prédio onde morávamos. Adorava as festas de aniversário em casa, cheias de gente! Minha mãe, que, como boa capricorniana, não achava certo convidar familiares e amigos para duas festas com apenas dez dias de diferença, comemorava sempre junto o aniversário das duas, mas com um detalhe: a uns convidava para o aniversário de Mila e a outros para o de Sylvia. Segundo ela, "seria muito chato ser convidado para uma festa e ter que levar dois presentes". Mila, porém, levava vantagem na lista de convidados, pois muito antes da data já anunciava e convidava todos os seus coleguinhas! Resultado: ganhava um monte de presentes! Foram muitos anos de comemorações assim: cheias de amigos, brigadeiros, docinhos da uva, salgadinhos e deliciosos bolos preparados pela nossa talentosa mamãe!

Hoje, já adulta e mãe, após receber meus parabéns, ela me diz que está tão feliz como nos tempos de criança! Sinto muitas saudades desse tempo, quando éramos felizes e sabíamos disso! Agradeço a Deus por ter nascido nesta família, que sempre celebrou os nossos aniversários tão alegremente! Feliz pela minha irmã caçulinha existir!

Querida Mari

Cultivar amizades recentes é tarefa relativamente fácil. Difícil é mantê-las vivas por mais de trinta anos.

Conosco aconteceu assim. Temos personalidades muito diferentes, mas o respeito mútuo a essas diferenças sempre foi mantido e a admiração recíproca só aumentou ao longo desses anos.

Muito discreta, totalmente low profile, sempre encontrou formas de estar presente na vida desta amiga falante e espevitada. E, tenho absoluta certeza, sente de perto toda a força do meu afeto, mesmo morando distante. Em comum, temos a nossa fé inabalável em Maria e Antônio, o amor pela vida e a vontade de fazer o bem. Em incontáveis momentos, transmitimos essa poderosa energia uma para a outra.

Nem precisava dizer do amor que sinto por ela, mas demonstrar amor nunca é demais, não é mesmo? Assim, que fique aqui para o mundo registrado: Mari, você faz parte do meu precioso tesouro de Amigos para Sempre! Nem sei se mereço tamanha bênção, mas a tenho bem aproveitado!

Uma amizade iluminada pelo Espírito Santo

O que desejar de aniversário a alguém que possui o Espírito Santo no nome? Que seja iluminada? Que seja inteligente? Que use sempre a sabedoria nas decisões que tomar? Que se destaque e brilhe por onde passar? Que tenha discernimento e alegria diante da vida? Mas tudo isso ela já tem, pois quem possui esse sobrenome traz consigo uma luz própria, que distribui a todos à sua volta.

Desejo então muita saúde para continuar brilhando por mais tempo, e muito amor para que viva cercada de benquerer! Peço ainda que Deus a mantenha sempre no meu círculo e que eu, mesmo fisicamente longe, seja capaz de receber um pouco do seu brilho! Afinal, sorte eu já tenho, com excelentes amigos mantidos ao longo do tempo num lugar muito especial!

De você, Aninha, só tenho boas lembranças, desde a 5ª série do ginásio até hoje, quando recebi seu caloroso abraço no lançamento do meu primeiro livro na Bahia! Que venham muitos anos pela frente, para nos encontrarmos e reencontrarmos tão alegremente quanto na época em que não passávamos de duas crianças felizes!

Malu, *minha pretinha*

Ela chegou de mansinho, com seus olhos enormes de jabuticaba e seu olhar comprido como se tivesse sido esquecida pelo circo ao desmontar a lona... Nas chamadas por vídeo nunca me deu confiança. Sempre olhou para o lado contrário ao que a minha voz a chamava. Passei então a assoviar, tentando criar com ela uma identificação sonora só nossa. Algumas vezes obtive sucesso, mas, na maioria delas, ela manteve seu ar blasé.

Ao encontrá-la, porém, vi toda aquela pose cair por terra. Fui recebida com tamanha emoção, com tantos pulos e corridas, que me apaixonei logo de cara! Ao conseguir segurá-la, seu coração disparado denunciou algo para mim inesperado: ela também gostou de mim! Fiquei repetindo baixinho: "Calma, calma! Todo mundo aqui ama você! Fique tranquila...".

Olhei nos seus olhos pretinhos como carvão, ela olhou nos meus e *pimba*: estava estabelecida mais uma relação familiar! Ao longo dos dias, eu que nunca admiti ser lambida pelo mais simpático dos cachorrinhos que de mim se aproximasse, estava rolando no tapete com ela, me contorcendo para fazer fotos do melhor ângulo, comprando presentinhos só para ver a sua felicidade ao chegar em casa...

Resumindo: fiquei boba! Agora, cá estou eu, em plena madrugada, a milhares de quilômetros de distância, sentindo uma saudade danada de segurá-la no colo, colar meu nariz no seu focinho, olhar para ela bem de pertinho e perguntar: "Você sabe que eu te amo, né?", ao que ela respondia com um olhar comprido: "Sei, sim!", e me tascava uma lambida no braço. Sim, porque eu fiz um trato com ela, "No rosto eu não deixo porque não gosto!", trato esse que ela desconsiderava solenemente, e eu retribuía sorrindo como qualquer apaixonada refém de sua paixão.

O pior é que nem a ensinei a ler antes de vir embora, para poder trocarmos mensagens pelo celular!

Lá se vai meu tio dançarino

Tenho dele as melhores lembranças que se pode ter de um tio querido!

Era pé de valsa, adorava ir a festas e dançar respeitosamente com várias moças da cidade. Era um exímio contador de causos e piadas, gostava muito de receber e hospedar na sua casa, onde as mesas e as risadas eram sempre fartas. Além de tudo, era um comerciante muito querido na sua cidade. Com ele comi pela primeira vez na vida um sanduíche bauru e presenciei várias queimas de fogos juninos da varanda de sua casa. Como era bom estar em sua alegre companhia! Tudo nele exalava vitalidade!

Não fomos acostumados a nos despedir dos nossos queridos. Queremos que as pessoas que amamos fiquem conosco para sempre e um pouco mais. É difícil dizer adeus... E esse tio querido era uma pessoa cuja alegria ficou marcada em meu coração.

Tenho então certeza de que, ainda que para mim a sua partida seja um dia de tristeza, o céu deve estar em festa, porque lá chegou o meu tio pé de valsa, um homem de bem, que amava dançar celebrando a vida! Dance em paz, querido tio Floro! Sua missão por aqui foi cumprida com louvor! Que você seja lindamente recebido por Nossa Senhora!

A alegria dos encontros felizes

Há poucos dias, recebi um daqueles presentes imateriais que a vida nos dá: conheci dona Elisa, uma jovem senhora de noventa anos e três meses de vida, como ela mesma fez questão de frisar.

Sempre gostei de conhecer pessoas de idades variadas, mas confesso que me fascina poder conhecer pessoas que transformam com leveza os anos vividos em alegria e sabedoria.

Enquanto conversava com essa simpática senhora, observei que ela me olhava nos olhos e aproveitava cada segundo daquele encontro. Havia real interesse em tudo que estávamos trocando com e sem palavras. Era perfeitamente visível o seu amor à vida. Por diversas vezes pronunciou palavras doces, acompanhadas de gestos amáveis, o que me dava uma irresistível vontade de abraçá-la. Que delícia de encontro!

Num mundo tão corrido e de notícias tão estressantes, conversar com aquela linda senhora, no meio da tarde, me fez sentir profundamente abençoada. É o que costumo chamar de "a alegria das pequenas coisas". Aquele tipo de alegria que é preciso estar atento para perceber e que, na verdade, de pequena não tem nada, porque só ela é capaz de encher o coração de coisas boas e fazê-lo transbordar em direção a outras pessoas.

Família on-line

Um dia, você olha para o lado e sua família sumiu! Seus primos, que brincavam com você no quintal de sua avó, agora já são pais, mães, tios e avós de outras pessoas. Como massa de pão fermentada, sua família aumentou tanto de tamanho, que já nem caberia mais naquele velho quintal...

Muitas pessoas foram entrando no círculo, novos casais se formaram e crianças saltaram aos olhos, como alegres pipocas na panela, transformando em flores de milho os amores surgidos ao longo do tempo. Tanta coisa mudou! Aquele tio está mais calvo, a sobrinha, que estudou Direito virou jornalista, o primo engenheiro resolveu estudar Direito, alguns filhos foram morar longe dos pais, teve gente que casou com gringo, aquela prima ficou tão loira... Foram tantas mudanças que você talvez fosse capaz de passar por alguns deles na rua sem nem mesmo os reconhecer!

De repente, você se pergunta em que rua se perderam do seu bloco e em que momento vocês deixaram de se ver com a frequência de antes... Tentando pôr a culpa no tempo e no custo de vida, justifica que não dispõe de uma sala tão grande quanto aquela em que seus pais jogavam buraco e conversa fora todas as noites com os familiares.

Mas saudade é bicho insistente e amor é coisa que não se explica. Então, tão de repente quanto tudo se transformou diante dos seus olhos e você se viu afastado de tantos, que já lhes foram tão importantes, num simples clique todos se juntam de novo. Conectados pelos celulares, uns na Bahia, outros em São Paulo, Rio de Janeiro, Orlando, Seattle, Freiburg, Buenos Aires e mais onde haja gente dessa família, trocam-se fotos dos filhos, mandam-se beijinhos, matam-se saudades e fazem-se declarações de amor explícito! Não importa quanto tempo antes foi perdido! Coisa mais linda é a família!

Então, que fique assim decretado: cessem as desculpas, sejam elas boas ou esfarrapadas! É proibido sumir do radar daqueles que lhe querem verdadeiramente bem e fazem parte da sua origem! A bola está rolando e não é justo você ficar fora deste jogo! E, finalmente, parafraseando Deus na sua célebre frase, se ele assim me permitir: "Faça-se a família!".

Eu e Spielberg, Spielberg e eu

Ao adentramos o Estúdio 5, onde foi filmada a primeira versão de *O Mágico de Oz*, deparamos com um salão gigante, onde havia centenas de mesas lindamente decoradas para a premiação do AFI – American Film Institute – evento para o qual fomos convidados por um concurso dos Estúdios MGM e da Sky Brasil.

Sentamos à uma mesa bem próxima ao palco, eu ao lado de Deborah Secco, a representante das atrizes brasileiras e uma simpatia de pessoa. Só alguns minutos depois de instalados me dei realmente conta de onde estava: em Hollywood, cercada de estrelas de cinema! Meus olhos não paravam de olhar tudo à minha volta: nas mesas ao lado, estavam Jack Nicholson, Beth Midler, Jennifer Aniston, Julia Roberts, Meryl Streep, Warren Beatty, Morgan Freeman... Tantas estrelas, que mal conseguia me concentrar!

A homenagem a Shirley MacLaine foi iniciada e mais estrelas desfilaram a poucos metros de distância de nós: Sally Field, Dakota Fanning...

Quando anunciaram a entrada de John Travolta nem acreditei, eu que dancei com ele – eu aqui, ele lá – tantas vezes nos *Embalos de Sábado à Noite*!

Finalizada a primeira parte da cerimônia, foi servido um delicioso jantar e as pessoas começaram a circular entre as mesas, como num grande jantar entre amigos! Nesse momento, minha porção tiete não segurou a onda! Fui até a mesa de Morgan Freeman e o cumprimentei. Ele foi educado e agradeceu. Cheguei bem pertinho de Jack Nicholson, mas não me senti à vontade para falar. Conversei com Annette Bening e lhe disse como gostava do seu trabalho e que havia assistido a muitos de seus filmes. Transitei bastante com meu lindo vestido de seda verde jade, até ficar frente a frente com um gênio do cinema: Steven Spielberg! Hesitei por uns segundos, naquele clássico "falo-não-falo". Então respirei fundo, tomei coragem e fui!

– Sr. Spielberg, com licença. Pode, por gentileza, me dar um pouco do seu tempo?

– Claro que sim! Pois não!

– Sou brasileira e sua superfã! Assisto a todos os seus filmes e eu e a minha família adoramos o seu trabalho! É uma honra e um prazer muito grandes conhecê-lo pessoalmente!

– Do Brasil? Que interessante! O Brasil é um país maravilhoso! Muito obrigado por admirar meu trabalho! A honra é toda minha! Foi um prazer conhecê-la também!

Disse tudo isso olhando nos meus olhos e segurando as minhas mãos! Quanta gentileza! Apesar de não fazer a mínima ideia de quem eu era, Steven Spielberg em poucas frases consolidou toda a admiração que tenho por sua sensibilidade. Ele foi muito mais que atencioso, foi simples e caloroso com esta humilde fã. Enquanto falava e olhava para ele com olhos cheios de admiração, só me vinha à cabeça mais uma frase: "ET fone home! ET fone home!". Graças a Deus não cedi ao impulso desse mico! Obrigada, Senhor!

O restante da cerimônia transcorreu depois do jantar e foi fechada com um after party nos jardins do estúdio da Sony, por onde as estrelas continuaram a circular entre os simples mortais.

Ao final da noite, depois do tapete vermelho, do paredão de fotógrafos, do coquetel, do jantar estrelado, do after party e de muitas emoções, voltamos ao hotel de limusine. Chegando à nossa suíte do L'Ermitage, fiquei observando meu reflexo naquele lindo vestido nos vários espelhos ao redor! Estaria eu vivendo um sonho? Teria eu segurado as mãos de um cineasta adorado em todo o mundo?

Pedi para ser beliscada por meu marido! Abri a varanda e olhei a lua atrás das palmeiras de Beverly Hills. Mal podia crer ter vivido tudo aquilo numa única noite, ver de perto todas aquelas pessoas que só havia visto antes nas telonas do cinema e nas telinhas da TV e a quem jamais pensei encontrar pessoalmente em toda a minha vida! Custei a dormir por puro medo de acordar e descobrir que tudo fosse um sonho. Vaguei na suíte do hotel durante a madrugada, olhando os brincos e a bolsa de strass em cima da mesinha, admirando as altíssimas sandálias prateadas que havia usado e revendo as fotos tiradas durante o evento.

Seguramente, o Sr. Steven, que já devia estar de pijamas na sua casa em Beverly Hills, a poucos metros do hotel, não mais se lembrava de mim e do meu rosto encantado diante da sua gentilíssima presença. Eu, entretanto, jamais esquecerei aqueles poucos minutos em sua companhia! Pode parecer clichê, mas fui dormir extasiada, vencida pelo cansaço e pela explosão de emoções da noite, sem lavar as mãos, para guardar nelas o registro de um momento simplesmente inesquecível!

Valeu *pelo encontro!*

Quando a gente é criança e acredita que pode ser amigo de todo mundo, a vida é mais fácil. No primeiro dia de aula do ginásio, vinda de uma pequena escola de bairro, onde havia estudado dos seis aos dez, me vi sozinha no enorme pátio daquela escola secular, repleto de árvores e alunos, todos para mim absolutamente desconhecidos. Lembro-me de ter ficado um bom tempo observando tudo à minha volta: as inúmeras portas e corredores, possíveis de avistar dali, o mastro da bandeira do Brasil, a enorme escadaria... Tudo tão grande! Nada, porém, me chamava mais atenção do que a enorme quantidade de crianças que corriam alvoroçadas antes do tocar da campainha! Algumas, tive a impressão, já se conheciam, mas, naquele momento, eu me sentia um peixe fora d'água.

Como era grande a minha vontade de pertencer logo àquele grupo, na hora do meu primeiro recreio no admirável mundo novo, me enchi de coragem, coloquei meu melhor sorriso e caminhei em direção a um grupinho de meninas, que conversava animadamente.

– Oi! Tudo bem? Sou Conceição, mas podem me chamar de Ceiça. Sou nova aqui na escola e queria muito fazer amizades. Vocês querem ser minhas amigas?

Percebi alguns risinhos de canto de boca, mas não vi maldade. Queria mesmo era estar inserida no contexto. Os dias foram se passando, semanas, meses... Até que um dia, já perfeitamente aclimatada à escola, ouvi de uma colega que fazia parte daquele grupinho, num ácido comentário, que eu era muito bobinha.

– Onde já se viu perguntar se queríamos ser amigas dela? Pergunta mais boba!

Confesso que ouvir aquilo foi um susto. Momentaneamente, abalou a minha confiança e me fez reavaliar a minha postura. Seria eu realmente uma menina boba por gostar de pessoas, querer ter amigos e com eles compartilhar conversas e risadas? O que havia de errado nisso, afinal? Fiquei muito tempo sem conseguir a resposta.

Com a maturidade, concluí, entretanto, que nada tem a mesma importância para todo mundo. Então, algo que é essencial para nós, é absolutamente irrelevante para outros e vice-versa. Aprendi também que, por mais simpáticos que sejamos, jamais agradaremos a todos e que aceitar esse fato torna a vida muito mais leve.

Como acredito, de verdade, que compartilhar boas energias com outras pessoas é o grande barato desta vida, tal qual aquela menina no primeiro dia de aula, sigo encantada pelo fato de poder, a cada dia, estabelecer novas conexões com as pessoas. Continuo, assim, buscando pessoas que, nesta mesma vibe, alegrem-se ao estabelecer novos relacionamentos e curtam cuidar bem das amizades. E se, eventualmente, não rolar, porque não agradei com o meu jeito de ser, também faz parte. Já valeu pelo encontro!

Se entre
uma passada e outra
o caminhar gerou
afeto
já valeu a caminhada.

Impresso na gráfica da
Pia Sociedade Filhas de São Paulo
Via Raposo Tavares, km 19,145
05577-300 - São Paulo, SP - Brasil - 2016